Globish	Globish
The World Over	**na całym świecie**
By Jean Paul Nerrière and David Hon	Jean Paul Nerrière i David Hon
Wioleta Antecka - Polish Translation	Tłumaczenie Wioleta Antecka
A book written IN Globish	Książka napisana w Globish

Globish The World Over

Globish na całym świecie

International globish Institute

Table of Contents

Spis Treści

Foreword for the Polish Translation

Globish The World Over is among the few books that go to the readership with side-by-side translation. It means that the original text and the Polish translation can be read next to each other on every page. Thus this book fills a double function. On one hand reading only the right side, the Polish translation, the book can give information, and perhaps amusement, to those who speak little or no English. They are interested in an amazing process that is happening in front of the eyes of people in this age: The world has found a common language. It will help all people to communicate with each other, and this language is being called *Globish*.

On the other hand, the side-by-side translation provides an opportunity to the learners

Przedmowa do tłumaczenia polskiego

GWO to jedna z wielu książek, która dociera do czytelników w wersji dwujęzycznej. Oznacza to, że tekst oryginalny i tłumaczenie w języku polskim znajdują się obok siebie. Z tego też względu ta książka spełnia dwie funkcje. Z jednej strony umożliwia czytanie tylko prawej strony, tj. tekstu w języku polskim udzielając informacji, oraz dostarczając rozrywki tym, którzy nie znają angielskiego, bądź znają go w niewielkim stopniu. Interesuje ich zadziwiający proces, jaki dzieje się na ich oczach: świat w końcu ma wspólny język! Może on pomóc ludziom w komunikacji, a nazywa się Globish.

Z drugiej jednak strony, takie tłumaczenie daje możliwość uczącym się

of English -- or perhaps learners of Polish -- to use this book as a kind of language coursebook. During the translation, we paid special attention to following the grammatical structure and the phrasing of the original text. It is portrayed accurately to the extent the different structure of the Polish language allows us to do so. We hope this method will provide a real opportunity -- in a real language environment -- for the learners of English to follow and recognize elements of English they have learned in school.

języka angielskiego – lub polskiego – użyć tej książki jako swego rodzaju podręcznika. Podczas tłumaczenia, zwróciliśmy szczególną uwagę na konstrukcje gramatyczne i zwroty w tekście oryginalnym. Są one na tyle trafne, na ile pozwala język polski. Mamy nadzieję, że ta metoda da prawdziwą możliwość – w naturalnym środowisku języka – uczącym się języka angielskiego badać i rozpoznawać elementy tego języka, jakie poznali w szkole.

Beginning

What if 50% of the world badly needed a certain useful tool, but only 5% could have it?

Someone would find a way. For example, to solve the problem of talking, they gave us handsets for little money and charge us by the minute. But that only does part of it. What will we *say* to each other?

The English language seems to be the most important communication tool for the international world. But now it must be a kind of English which can be learned quickly and used very easily – not like Standard English. The people who know a little are already using what they know. It works for them – a little. But… they often have families and jobs. They

Wstęp

A co jeśli 50 % ludzi tak bardzo potrzebowałoby pewnego przydatnego narzędzia, a tylko 5% je posiadało?

Ktoś w końcu znalazłby na to sposób. Gdyby problem dotyczył rozmowy, jako narzędzie daliby nam niewiele warte mikrotelefony i natychmiast obciążyli opłatą. Ale to załatwia tylko połowę sprawy. Co byśmy sobie *powiedzieli*?

Język angielski wydaje się być najbardziej istotnym narzędziem w międzynarodowej komunikacji. Ale musi to być taki angielski, którego można by się nauczyć szybko i który mógłby być używany w bardzo prosty sposób – nie tak jak standardowy angielski. Niektórzy znają język angielski w niewielkim

cannot spend enough time or enough money to learn all of English. And English speakers think these people will "never be good enough" in English. It is a problem. We think Globish is a solution.

stopniu i posługują się tym, co już znają. Im to wystarcza. Często mają rodziny i pracę i nie mogą sobie pozwolić na to, by poświęcić wystarczającą ilość czasu lub pieniędzy, aby poszerzyć swoje umiejętności. Natomiast native speakerzy uważają, że ludzie z podstawową wiedzą „nigdy nie będą wystarczająco dobrzy". A to stanowi problem. Uważamy, że język Globish jest rozwiązaniem.

Globish has a different name because it is a very different way to solve the problem of learning English. By the standards of the Council of Europe Framework of Reference for Languages (page 64):

Globish ma odrębną nazwę, ponieważ stanowi inne rozwiązanie problemu nauki języka angielskiego. Zgodnie ze standardami Europejskiego Systemu Opisu Kształcenia Językowego Rady Europy:

(Globish speakers) will use an amount of English that makes understanding between non-native speakers and native speakers. They will produce clear,

(Osoby mówiące językiem Globish) będą posługiwać się taką ilością języka angielskiego, która umożliwi zrozumienie między rodowitymi Anglikami (native speakerami) a tymi, którzy dopiero uczą się tego

8

detailed writing on a wide range of subjects and explain their thoughts, giving good and bad elements of various ideas.

języka (nie-native speakerami). Pozwoli im także tworzyć jasne, drobiazgowe teksty na różne tematy i wyjaśniać swój punkt widzenia podając za i przeciw rozmaitych poglądów.

This book is about Globish and to demonstrate its value, we'll write this book for you in Globish.

Ta książka jest o Globish, a żeby przedstawić jego wartość, napiszemy ją dla ciebie w języku Globish.

Part 1
The Problem with Learning English

Część 1
Problemy z nauką języka angielskiego

Chapter 1
Many, Many Languages

A hundred years ago, most human beings could speak two or more languages. At home they spoke a family language. It could be the language their parents spoke when they moved from another place. In many cases, it was a local variation of a language with different words and different pronunciations, what some people might call a dialect or patois. Most villages had such languages. People learned family languages, village languages and sometimes other languages without any problems.

A century ago, for most people the world was not very big, perhaps as big as their nation. They learned their national

Rozdział 1
Zbyt wiele języków

Jakieś sto lat temu, większość ludzi potrafiła mówić dwoma lub więcej językami. W domu posługiwali się rodzinnym językiem. Mógł to być język ich rodziców, który pielęgnowali, po przeprowadzce z innego miejsca. W wielu przypadkach, była to lokalna odmiana języka charakteryzująca się odmiennymi wyrazami i wymową, zwana dialektem lub gwarą. Większość wsi miała takie języki. Ludzie uczyli się języków rodzinnych, gwar a czasami również innych języków bez większego problemu.

Kiedyś, dla większości ludzi świat ograniczał się do ich narodu. By móc

language and then could communicate with the rest of their world. Many nations had at least one official national language. Many people in their villages also felt a need to speak the national language, and they would learn that national language in schools.

National languages made nation-wide communication possible. In some cases these started as one of the local dialects and were raised to the status of national languages. Or sometimes one "family" was more powerful, and required everyone to speak their way.

Today, the communication problem is the same. Just the scale is different. A century ago, their world was their country. Now their world is…. much more. Most people now speak a local language which is often their national language. Now they must

komunikować się w swoim otoczeniu uczyli się języków narodowych. Wiele krajów miało przynajmniej jeden urzędowy język narodowy. Ludzie na wsiach odczuwali potrzebę posługiwania się językiem narodowym, dlatego uczyli się go w szkołach.

Języki narodowe umożliwiały ogólnokrajową komunikację. W niektórych przypadkach te języki początkowo pełniły rolę dialektów, ale urosły do rangi języków narodowych. Albo zdarzało się też tak, że jakaś „rodzina" była bardziej wpływowa i wymagała, aby inni posługiwali się ich językiem.

Dziś, problem komunikacji pozostaje taki sam. Jedynie skala problemu jest inna. Sto lat temu ich światem był ich kraj. Dziś ten świat… jest dużo większy. Większość ludzi posługuje się dziś lokalnym językiem, który często jest też ich językiem narodowym.

communicate to the whole globe.

Teraz muszą porozumiewać się z ludźmi na całej kuli ziemskiej.

(From English Next)

(z raportu English Next)

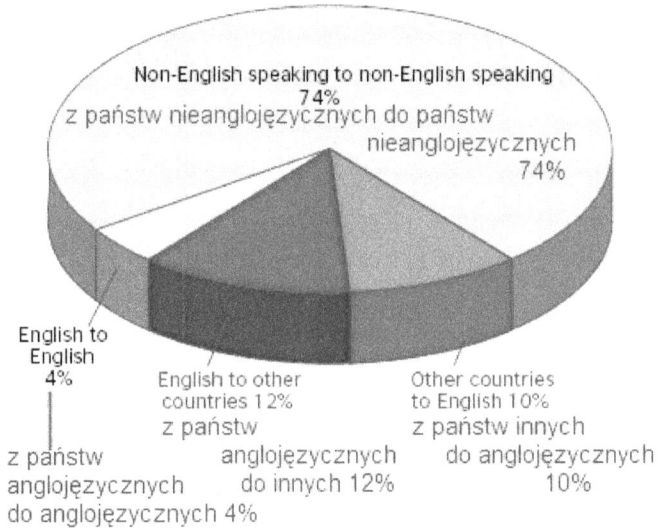

Non-English speaking to non-English speaking
74%
z państw nieanglojęzycznych do państw
nieanglojęzycznych
74%

English to English 4%

English to other countries 12%
z państw anglojęzycznych do innych 12%

Other countries to English 10%
z państw innych do anglojęzycznych 10%

z państw anglojęzycznych do anglojęzycznych 4%

In this world, teachers say there are more than 6000 languages. In 45 countries, English is an official language. But not everyone speaks English, even where it is an official language.

Nauczyciele twierdzą, że na świecie istnieje ponad 6000 języków. W 45 krajach angielski jest językiem urzędowym, chociaż nie każdy, kto tam mieszka się nim posługuje.

Only 12% of the global world has English as a mother tongue. For 88% of us, it is not our first language, our mother tongue.

Zaledwie dla 12% globalnego świata język angielski jest językiem ojczystym. Dla 88% nie jest to ani rodzimy ani ojczysty język.

15

We know that only 4% of international communication is between native speakers from different English-speaking nations - like Americans and Australians.

So 96% of the international English communication takes place with at least one non-native speaker.

There is a story about a god and a Tower of Babel, where all men could speak to each other using just one language. In the story, he stopped the building of that special Tower.

He said (roughly):

> "Look, they are one people, and they

Zdajemy sobie sprawę z tego, że tylko 4% międzynarodowej komunikacji zachodzi między native speakerami z różnych narodów anglojęzycznych – jak np. między Amerykanami i Australijczykami.

A zatem 96% międzynarodowej komunikacji odbywa się z przynajmniej jednym nie-native speakerem.

Biblijna relacja o Bogu i Wieży Babel donosi, że wszyscy ludzie posługiwali się jednym językiem. Według tego doniesienia, Bóg przerwał budowę tej szczególnej Wieży.

Powiedział:

> „Zaiste są oni jednym ludem i wszyscy mają jeden język, i oto,

have all one language. This is only the beginning of what they will do. Nothing that they want to do will be impossible now. Come, let us go down and mix up their languages so they will not understand each other."

In the past, there have been many strong languages and attempts to create a common worldwide language. Some worked well, but some not all. The Greek language was used as the "lingua franca" in the days of the Romans. Non-Romans and others read the first Christian books in Greek. Modern Romans speak Italian, but until lately Catholics celebrated Christian ceremonies in Latin, the language of the ancient Romans.

co zaczynają robić. Teraz, więc nic, co by zamyślili uczynić, nie będzie dla nich nieosiągalne. Zstąpmy i pomieszajmy tam ich język, by jeden nie rozumiał języka drugiego".

W przeszłości istniało wiele silnych języków. Starano się też utworzyć powszechny, ogólnoświatowy język. Niektóre takie języki funkcjonowały dość dobrze, a inne nie. W czasach Rzymskich język grecki był używany jako „lingua franca". Nie-rzymianie i inni czytali pierwsze chrześcijańskie książki po grecku. Nowożytni Rzymianie posługują się językiem włoskim, ale jeszcze do niedawna Katolicy odprawiali obrzędy religijne w łacinie, języku starożytnych

Rzymian.

Przypis tłumacza: *lingua franca* - wspólny język, umożliwiający porozumiewanie się ludziom, którzy na co dzień mówią różnymi językami (Słownik Języka Polskiego, PWN).

French was the language of upper class Europeans for several hundred years. It was used for international government relations until 1918. Many thought it was clearly the best language for all international communication. Tsarina Catherine of Russia and Frederick the great of Prussia used to speak and write very good French, and made a point to use it with foreigners. A friendly competition took place at the king's court in France in 1853 to find the person who used the best French. The winner was not Emperor Napoleon the Third, or his wife Eugénie. Instead, it was the Austrian statesman Klemens Wenzel von

Z kolei francuski był językiem klasy wyższej w Europie przez kilkaset lat. Używano go w międzynarodowych kontaktach rządowych aż do 1918 roku. Wielu uważało go za najlepszy język w międzynarodowej komunikacji. Caryca Katarzyna i Fryderyk Pruski świetnie posługiwali się tym językiem w mowie i piśmie, i zwracali uwagę na to by używać go w kontaktach z obcokrajowcami. W roku 1853 na dworze królewskim we Francji miały miejsce zawody towarzyskie mające na celu znaleźć osobę, która najlepiej mówiła po francusku. Zwycięzcą nie był ani Napoleon III Bonaparte

Metternich.

About this time, in the Age of Reason, humans began to think they could do anything. They discovered drugs that would cure diseases. They could grow food in all weather. Their new steam-ships could go anywhere without wind. So then some people thought: **How difficult could it be to create a new language, one that would be easy and useful for all people?**

ani jego żona, Eugenia. Był to natomiast austriacki *mąż stanu,* Klemens Wenzel *von* Metternich.

Mniej więcej w tym samym czasie, w okresie Oświecenia, ludzie zaczęli myśleć, że mogą zrobić niemalże wszystko. Wynaleźli lekarstwa, które potrafiły uleczyć choroby. Uprawiali rośliny, które mogły rosnąć w różnych warunkach pogodowych. Ich nowoczesne parowce mogły podróżować wszędzie bez pomocy wiatru. Zaczęto się zastanawiać: **Jak trudne byłoby utworzenie nowego języka, który byłby zarazem łatwy i pożyteczny dla wszystkich?**

Technical Words

Chapter - people divide large books into smaller chapters

Dialect - a different way of speaking a mother tongue

Patois - a way of speaking in one region

Lingua franca - a Latin word for a global language

Pronunciation - the way we say sounds when we speak

International Words

Planet - a space globe that moves around the Sun

Chapter 2

Esperanto vs...the World?

Natural languages come from unwritten languages of long ago, in the Stone Age. They are easy to learn naturally but hard to learn as a student. That is why many people have tried to invent a simple language that is useful and simple to learn. Perhaps the most famous of these *invented* languages is "Esperanto." It was developed between 1880 and 1890 by Doctor Ludovic Lazarus Zamenhof. He was a Russian eye doctor in Poland. He said his goal was to create communication and culture-sharing among all the people of the world. He thought the result would be understanding by everyone. That would mean everyone would have sympathy with everyone else and this would avoid future wars.

Rozdział 2

Esperanto kontra... świat?

Języki naturalne wywodzą się z niepisanych języków epoki kamienia łupanego. Łatwo jest przyswajać je sobie w sposób naturalny, ale ciężko jest się ich nauczyć. Dlatego wielu usiłowało wynaleźć prosty język, który byłby zarówno przydatny jak i prosty w nauce. Możliwe, że najbardziej znanym takim *wymyślonym* językiem jest „Esperanto". Został opracowany w latach 1880-1890 przez dr Ludwika Zamenhofa, rosyjskiego okulistę pracującego w Polsce. Mówił, że jego celem było umożliwić komunikację międzykulturową wśród ludzi z całego świata. Twierdził, że rezultatem byłoby ogólne wzajemne zrozumienie. Oznaczałoby

Here is a example of Esperanto:

> *En multaj lokoj de Ĉinio estis temploj de drako-reĝo. Dum trosekeco oni preĝis en la temploj, ke la drako-reĝo donu pluvon al la homa mondo.*

Easy for you to say... perhaps. But there was one big problem with Esperanto. No one could speak it. Well, not really *no* one.

After more than a century, there are about 3 million people who can speak Esperanto. And that is in a world of nearly 7 *billion* people. Sadly, many wars later, we have to admit the *idea did not work as expected.*

to, że wszyscy mieliby poczucie solidarności z innymi, co zapobiegłoby przyszłym wojnom.

Poniżej znajduje się przykładowy tekst w Esperanto:

> *En multaj lokoj de Ĉinio estis temploj de drako-reĝo. Dum trosekeco oni preĝis en la temploj, ke la drako-reĝo donu pluton al la homa mondo.*

Być może łatwo powiedzieć. Ale z Esperanto był jeden duży problem. Nikt nie potrafił nim mówić. W zasadzie, nie tak do końca *nikt.*

Po upływie stulecia, około 3 milionów ludzi porozumiewa się w języku Esperanto. I to w świecie, w którym jest prawie 7 *miliardów* ludzi! Z przykrością trzeba przyznać, że nie osiągnięto zamierzonego celu – nie zapobiegło to wojnom.

ДР ЭСПЕРАНТО.

МЕЖДУНАРОДНЫЙ

ЯЗЫКЪ.

ПРЕДИСЛОВIЕ

и

ПОЛНЫЙ УЧЕБНИКЪ.

por Rusoj.

Чтобы языкъ былъ всемiрнымъ, не
достаточно назвать его таковымъ.

Цѣна 15 копѣекъ.

ВАРШАВА.
Типо-Литографiя Х. Кельтера, ул. Новолипье № 11.
1887.

The 1st Esperanto book from Dr. Zamenhof

For a while, Esperanto was an official project in the USSR, and in the People's Republic of China. It is long forgotten in those countries now. There are no Esperanto guides in the Moscow or Shanghai railway stations to help passengers find their trains. We can only wonder what the world would be like if the Soviets had chosen Globish instead…

Pierwsza książka w języku Esperanto dr Zamenhofa

Przez jakiś czas, język Esperanto był oficjalnym projektem w Związku Socjalistycznych Republik Radzieckich i w Chińskiej Republice Ludowej. Dziś już dawno się o nim nie pamięta. Nie ma już przewodników Esperanto w Moskwie ani stacji kolejowych w Szanghaju pomagających pasażerom odnaleźć ich pociągi. Możemy jedynie sobie wyobrażać jak wyglądałby świat gdyby mieszkańcy Związku Radzieckiego wybrali dla odmiany

There are still people who believe in Esperanto. They still have their "special" language. Sometimes Esperantists make news when they speak out against Globish -- using English, of course. Thus any major newspaper story about Globish and Esperanto clearly demonstrates that Esperanto is not working. And it helps show that Globish gives us an opportunity to have - finally - a real global communication tool.

Globish.

Wciąż są ludzie, którzy wierzą, ż esperanto jest 'wyjątkowym' językien Czasami Esperantyści wypowiadają się krytycznie na temat języka Globisl stają się tematem ważnyc wiadomości. Co ciekawe, w tym cel posługują się oczywiście językien angielskim. Dlatego jakikolwie ważniejszy artykuł prasowy o Globisl i Esperanto dowodzi, że Esperanto si nie sprawdza. A to pomaga wykazac że ostatecznie Globish umożliwi uzyskanie prawdziwego narzędzia d globalnej komunikacji.

International Words
Million = 1,000,000
Billion = 1,000,000,000

Chapter 3
Thinking Globally

It would be difficult for all people in the world to have one official language. Who would say what that language must be? How would we decide? Who would "own" the language?

Most people today speak only their one national language. This is especially true with native English speakers. They observe that many people in other countries try to speak English. So they think they do not need to learn any other language. It appears to be a gift from their God that they were born ready for international communication. Perhaps, unlike others in the world, they do not have to walk half the distance to communicate with other cultures. Perhaps English IS the place everyone else must come to. Perhaps…. All others are unlucky by birth. But *perhaps* there is more to the story…

Rozdział 3
Myśl globalnie

Trudno byłoby, aby wszyscy ludzie posługiwali się tym samym językiem urzędowym. Kto miałby określić, jaki miałby to być język? Jak mielibyśmy o tym zadecydować? Do kogo „należałby" ten język?

Obecnie większość ludzi posługuje się jedynie swoim językiem narodowym. Jest tak przede wszystkim w przypadku native speakerów. Zdają sobie sprawę, że wiele osób w innych krajach stara się mówić po angielsku. Dochodzą więc do wniosku, że nie potrzebują uczyć się żadnego innego języka. A fakt, że urodzili się przygotowani do międzynarodowej komunikacji uważają za dar od Boga. Możliwe, że w przeciwieństwie do innych, nie muszą ponosić żadnych wysiłków, aby komunikować się z ludźmi

It does seem English has won the competition of global communication. Although it used to give people an edge in international business, one observer now states it this way:

> *"It has become a new baseline: without English you are not even in the race."*

So now the competition is over. No other language could be more successful now. Why is that?

z różnych kultur. Być może angielski JEST tym miejscem, do którego wszyscy inni muszą dotrzeć. Być może... Inni nie mieli jednak tyle szczęścia w kwestii urodzenia. *Prawdopodobnie jednak na tym opowieść się nie kończy...*

Wydaje się, że język angielski wygrał rywalizację o globalną komunikację. Mimo, że posługiwanie się tym językiem daje ludziom przewagę w międzynarodowych interesach, pewien komentator przedstawia to w ten sposób:

> *„Punktem wyjścia stało się w tej sytuacji nowe stwierdzenie: bez angielskiego nawet nie uczestniczysz w zawodach".*

A zatem obecnie rywalizacja jest już zakończona. Żaden inny język nie jest w stanie odnieść większego sukcesu. Dlaczego?

The high situation of English is now recognized because communication is now global, and happens in one second.

There have been periods in history where one language seemed to have worldwide acceptance. But, in all these periods, the "world" covered by one of these languages was not the whole planet.

Język angielski zajmuje obecnie czołową pozycję ponieważ mamy do czynienia z komunikacją globalną, która odbywa się praktycznie w jednej chwili.

W historii zdarzało się tak, że jeden język wydawał się być akceptowany na całym świecie. Jednak w tamtych czasach, „świat", w którym posługiwano się tym językiem nie był całą planetą.

Chinese was not known to Greeks in the time of the Roman Empire. The hundreds of Australian languages were not known to Europeans when they settled there. Japanese people did not learn and speak French in the 18th century.

Then, much communication was a matter of time and distance. Now, for the first time, communication has no limits on our Earth. 200 years ago it took more than six months to get a message from Auckland, New Zealand, to London. In our global world, a message goes from Auckland to London in less than a second.

As Marshall McLuhan said in his book *The Guttenberg Galaxy*, this world is now just the size of a village – a "global village." In a village, all people communicate in the

Chiński nie był znany Grekom w czasach Imperium Rzymskiego. Setki australijskich języków nie były znane Europejczykom, którzy osiedlali się na tamtejszych terenach. Japończycy ani nie uczyli się Francuskiego ani nie posługiwali się nim w osiemnastym wieku.

Później komunikacja była przede wszystkim sprawą czasu i przestrzeni. Dziś po raz pierwszy komunikacja na Ziemi nie ma żadnych granic. 200 lat temu potrzebowano ponad 6 miesięcy, aby informacja dotarła z Auckland w Nowej Zelandii do Londynu. W naszym globalnym świecie, wiadomość z Auckland do Londynu dociera w niecałą sekundę.

Według Marshalla McLuhana, autora książki *Galaktyka Gutenberga*, dzisiejszy świat jest wielkości wioski – „globalnej wioski". W tej

language of the village. All nations now accept English as the communication for our global village.

Some people dislike that fact a lot. They want to keep their language, and even to avoid English. And, there are people who do not care at all, and they do not see what is happening or what it means.

Finally, there are people who accept it, and even benefit from it. Many Chinese, Spanish and German people realize their language is not global and so they are learning English. They speak about their wonderful culture in English but they also continue to speak their first language.

We can be very confident this situation will not change. With all the people now learning English as a second language, and there will be

wiosce, wszyscy porozumiewają się za pomocą języka tej wioski. Obecnie wszystkie kraje uznają język angielski jako narzędzie komunikacji w globalnej wiosce.

Niektórzy ludzie nie są zachwyceni tym faktem. Chcą zachować swój język, a nawet starają się unikać angielskiego. Są też tacy, którzy nie przywiązują do tego żadnej wagi i nie dostrzegają, co się dzieje ani jakie to ma znaczenie.

Są wreszcie i tacy, którzy nie tylko to akceptują, ale też z tego korzystają. Wielu Chińczyków, Hiszpanów i Niemców ma świadomość, że ich język nie jest globalny i dlatego uczą się angielskiego. Opowiadają o swojej cudownej kulturze po angielsku, ale nadal używają swojego języka ojczystego.

Możemy być przekonani, że ta sytuacja się nie zmieni, z uwagi na fakt, że wszyscy teraz uczą się angielskiego jako drugiego języka i nie

no need to change. As in the past, people will speak more than one language as children.

Leading economic powers, such as China, Brazil, India, Russia, and Japan will have many people speaking English. No one is going to win markets now with military battles.

And no one will need to change languages, as used to happen. Now nations will try to win hearts and minds with their better, less expensive products. It is a new world now, and maybe a better one.

To communicate worldwide, these people will use varying qualities of English. But once they master "a reasonable amount" of English they will not want or need to require others to use their mother tongue. So English will certainly continue to be the

będzie potrzeby tego zmieniać. Już od dzieciństwa ludzie będą wielojęzyczni, tak jak to miało miejsce w przeszłości.

W czołowych potęgach gospodarczych takich jak Chiny, Brazylia, Indie, Rosja i Japonia znaczna część społeczeństwa będzie mówić po angielsku. Nikt już nie będzie zdobywał nowych rynków przez konflikty zbrojne.

Nie będzie też potrzeby zmiany języków, jak to niegdyś bywało. Dziś narody będą starały się zdobyć serca i umysły za pomocą lepszych, tańszych produktów. To jest nowy świat i być może lepszy.

Aby móc porozumiewać się na skalę światową ludzie będą posługiwali się językiem angielskim na różnym poziomie. Ale jak tylko opanują „odpowiedni poziom" nie będą chcieli ani nie będą się spodziewali, że inni będą używali ich języka

most important international language. The economic winners today or tomorrow will use their English well enough so that they don't need anything else. This "common ground" is what everybody will continue to agree on…

ojczystego. Zatem angielski w dalszym ciągu będzie najważniejszym językiem międzynarodowym. Dziś lub jutro zwycięzcy światowej gospodarki będą posługiwali się językiem angielskim wystarczająco dobrze, że nie będą już potrzebowali żadnego innego języka. Ta „wspólna płaszczyzna" jest tym, na co wszyscy będą się zgadzać...

Language Used In Business Communication
język używany w komunikacji biznesowej

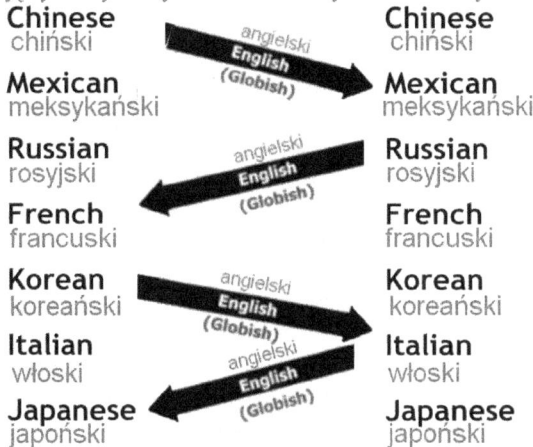

Chinese
chiński

angielski
English
(Globish)

Chinese
chiński

Mexican
meksykański

Mexican
meksykański

Russian
rosyjski

angielski
English
(Globish)

Russian
rosyjski

French
francuski

French
francuski

Korean
koreański

angielski
English
(Globish)

Korean
koreański

Italian
włoski

angielski
English
(Globish)

Italian
włoski

Japanese
japoński

Japanese
japoński

© David Hon 2008

Still, many people will continue to learn Chinese or Spanish or Russian.

Mimo to, wiele osób będzie nadal uczyło się chińskiego, hiszpańskiego czy rosyjskiego.

They will do this to understand other cultures. But it will be of less help in doing worldwide business. In an international meeting anywhere, there will always be people who do not speak the local language.

Everyone in this meeting will then agree to change back to English, because everyone there will have acceptable English.

Będą to robić, żeby zrozumieć inne kultury. Ale będzie to niewielką pomocą w robieniu ogólnoświatowych interesów. Na jakimkolwiek międzynarodowym spotkaniu zawsze znajdą się ludzie, którzy nie będą posługiwać się lokalnym językiem.

Każdy na takim spotkaniu zgodzi się kontynuować rozmowy w języku angielskim, bo wszyscy będą go znać na odpowiednim poziomie.

Today, Mandarin Chinese is the language with the most speakers. After that is Hindi, and then Spanish. All three of them have more native speakers than English. But Hindi speakers talk to Chinese speakers in English and Spanish speakers communicate to Japanese speakers in English.

They cannot use their own languages so they must use the most international language to do current business. That is why English is now locked into its important position the world over.

Sometimes we wonder if it is good that English won the language competition. We could argue that it is not the right language. It is far too

Dziś język chiński (mandaryński) ma najwięcej użytkowników. Zaraz po nim jest język hindi, a potem hiszpański. Te trzy języki mają więcej użytkowników niż angielski. Jednak zarówno użytkownicy języka hindi rozmawiają

z Chińczykami po angielsku, jak i Hiszpanie rozmawiają z Japończykami po angielsku.

Nie mogą rozmawiać w ich własnych językach, więc posługują się najbardziej międzynarodowym językiem, aby dokonywać bieżących transakcji. Właśnie dlatego język angielski zajmuje obecnie tę istotną pozycję na całym świecie.

Czasem zastanawiamy się czy dobrze się stało, że to angielski wygrał tą językową rywalizację. Możemy kłócić się, że nie

difficult, with far too many words (615,000 words in the Oxford English Dictionary...and they add more each day.)

Too many irregular verbs. The grammar is too difficult. And most importantly, English does not have good links between the written and the spoken language. Why do the letters "ough" have four different pronunciations ("cough, tough, though, through") Why is a different syllable stressed in photograph, photography and photographer? And why is there not a stress mark? Why doesn't "Infamous" sound like "famous?" or "wilderness" like "wild?" Why isn't "garbage" pronounced like "garage", or "heathen" like "heather"?

English was never expected to

jest to odpowiedni język. Jest o wiele za trudny, ma zbyt wiele słów (615 000 słów w Oxford English Dictionary ... a codziennie dodawane są nowe).

Ma zbyt wiele czasowników nieregularnych. Gramatyka jest zbyt trudna. A co najważniejsze, angielski nie ma dobrych powiązań między językiem pisanym i mówionym. Dlaczego litery 'ough' mają cztery różne sposoby wymowy („cough, tough, though, through"). Dlaczego inna sylaba jest akcentowana w wyrazach „photograph", „photography" i „photographer"? A dlaczego nie ma znaku akcentu? Dlaczego wyraz „infamous" nie brzmi jak „famous", albo „wilderness" jak „wild"? Dlaczego „garbage" nie jest wymawiane jak „garage", a „heathen" jak „heather"?

Nigdy nie oczekiwano, że

make sense to the ear. Pronunciation in English is a horrible experience when you have not been born into that culture. Yet it appears to sound natural to native English speakers.

Some languages, like Italian, German, and Japanese, can match written words to the way they are spoken. So it may appear unlucky for us that one of them did not win it all. Italian, for example, is a language where every letter, and every group of letters, is always *pronounced* the same way. When you are given an Italian document, you can *pronounce* it once you understand a limited number of fixed rules. In English you have to learn the *pronunciation* of every word.

w języku angielskim wymowa zawsze dokładnie będzie odpowiadała pisowni. A wymowa w języku angielskim jest okropnym doświadczeniem dla kogoś, kto nie urodził się w tej kulturze. Jednak dla native speakerów brzmi ona naturalnie.

W niektórych językach, takich jak włoski, niemiecki czy japoński, słowa pisane odpowiadają ich wymowie. Tak więc, może nam się wydawać to pechowe, że żaden z nich nie wygrał. Włoski, na przykład, jest językiem gdzie każda litera i każda grupa liter, jest zawsze *wymawiana* w ten sam sposób. Kiedy dostajesz dokument sporządzony w języku włoskim, możesz go przeczytać znając tą ograniczoną ilość ustalonych reguł. W angielskim musisz uczyć się *wymowy* każdego wyrazu.

Many English words are borrowed from other languages, and they sometimes keep their old pronunciation and sometimes not. English words cannot be written so the stressed syllables are shown. All non-native English speakers know that they may have to sleep without clothes if they try to buy "pajamas." Where is the mark to show what we stress in "pajamas?" So, the borrowed word "pajamas" would be better written as *pa-JA-mas*. In English you must learn exactly which syllable gets the stress, or *no one* understands you.

But Italian, German, or Japanese did not win the language competition. English did. Luckily, this does not mean that there are people who won and people who lost. In fact, we will show that the people whose language seemed to win did not, in fact, improve their positions. The other people won, and those

Wiele angielskich słów jest zapożyczonych z innych języków, które czasami zachowały dawną wymowę, a czasami nie. Wyrazy angielskie nie mogą być zapisane w taki sposób, aby pokazać akcentowane sylaby. Wszyscy nie-native speakerzy wiedzą, że będą musieli spać bez ubrania, jeśli będą chcieli kupić „pajamas". Gdzie jest akcent w wyrazie „pajamas"? A zatem, zapożyczony wyraz „pajamas" powinien być lepiej zapisany jako *pa-JA-mas*. W angielskim trzeba dokładnie nauczyć się, która sylaba jest akcentowana, albo nie zostaniesz zrozumiany.

Ale włoski, niemiecki czy japoński nie wygrały rywalizacji językowej. To angielski wygrał. Na szczęście, nie oznacza to, że są wygrani i przegrani. W rzeczywistości

non-native speakers will soon win even more. This is one of the many "Globish Paradoxes."

pokażemy, że ludzie, których język zdaje się być wygranym, nie poprawił ich pozycji. Kto inny wygrał, a ci, którzy nie są native speakerami wkrótce zyskają dużo więcej. To jest jeden z wielu „paradoksów Globish".

Technical

Grammar - the structure of words in a sentence.

Pronounce - to speak accurate sounds in a language

Stress - making a heavy tone on one syllable of a word

Syllable - a part of a word you are saying

Paradox - something that sounds correct but is really the opposite like: *winning is really losing*

Verb - the part of speech that tells the action in a sentence.

International

Pajamas - clothes you wear to bed at night

Chapter 4
The Native English Speakers' Edge is Their Problem

Speaking an extra language is always good. It makes it easier to admit that there are different ways of doing things. It also helps to understand other cultures, to see why they are valued and what they have produced. You can discover a foreign culture through traveling and translation. But truly understanding is another thing: that requires some mastery of its language to talk with people of the culture, and to read their most important books. The "not created here" idea comes from fear and dislike of foreign things and culture. It makes people avoid important ideas and new ways of working.

Rozdział 4
Przewaga native speakerów stanowi dla nich problem

Umiejętność posługiwania się dodatkowym językiem zawsze przynosi korzyści. Dzięki niej łatwiej jest przyznać, że sprawy można załatwić inaczej. Pomaga też zrozumieć inne kultury, zobaczyć dlaczego są one cenione i co nam dały. Inne kultury można odkrywać poprzez podróże i tłumaczenia. Ale prawdziwe zrozumienie to jeszcze coś innego: coś co wymaga pewnej biegłości w posługiwaniu się danym językiem ,aby móc rozmawiać z ludźmi wywodzącymi się z danej kultury oraz czytać ich najważniejsze książki. Syndrom NIH (z ang. Not Invented Here, dosł. *nie wynaleziono tutaj*) wynika ze strachu i niechęci do obcych rzeczy i kultur. Sprawia, że ludzie unikają istotnych

Native English speakers, of course, speak English most of the time - with their families, the people they work with, their neighbors, and their personal friends. Sometimes they talk to non-native speakers in English, but most English speakers do not do this often. On the other hand, a Portuguese man speaks English most often with non-native English speakers. They all have strange accents. His ears become sympathetic. He learns to listen and understand and not be confused by the accent. He learns to understand a Korean, a Scotsman or a New Zealander with strong local accents. And he learns to understand the pronunciations of others learning English. Often, he understands accents much better than a native English speaker.

pojęć i nowatorskich sposobów działania.

Oczywiście native speakerzy cały czas posługują się językiem angielskim – w gronie rodziny, ze współpracownikami, z sąsiadami i przyjaciółmi. Zdarza się, że rozmawiają z nie-native speakerami, jednak większość osób anglojęzycznych nie robi tego zbyt często. Z drugiej jednak strony, Portugalczyk rozmawia po angielsku najczęściej z nie-native speakerami. Wszyscy oni mają dziwny akcent. Jest więc bardziej wyrozumiały. Uczy się słuchać i rozumieć oraz nie przejmować się swoim akcentem. Uczy się także rozumieć Koreańczyka, Szkota czy Nowozelandczyka mówiących z silnym lokalnym akcentem. Uczy się rozumieć wymowę innych osób uczących się angielskiego. Często lepiej rozumie akcenty niż rodzimy użytkownik języka

It is a general observation that the person who already speaks five languages has very little difficulty learning the sixth one. Even the person who masters two languages is in a much better position to learn a third one than his the countryman or countrywoman who sticks only to the mother tongue. That is why it is too bad people no longer speak their local patois. The practice almost disappeared during the 20th century.

Scientists tell us that having a second language seems to enable some mysterious brain connections which are otherwise not used at all. Like muscles with regular exercise, these active connections allow people to learn additional foreign languages more easily.

angielskiego.

Ogólnie można stwierdzić, że dla osoby, która już posługuje się pięcioma językami, nie będzie większym problemem nauczyć się kolejnego. Nawet osoba biegle posługująca się dwoma językami, jest w lepszym położeniu by nauczyć się trzeciego, niż jego rodak/rodaczka, który/która obstaje tylko przy swoim ojczystym języku. Szkoda więc, że ludzie nie posługują się gwarą. Ten zwyczaj prawie całkowicie zaniknął w XX-tym wieku.

Naukowcy informują, że znajomość drugiego języka może odblokowywać pewne tajemnicze połączenia mózgowe, które w przeciwnym razie nie były by wcale używane. Podobnie jak mięśnie przy regularnych ćwiczeniach, tak te aktywne połączenia pozwalają ludziom uczyć się dodatkowych języków

Now that so many people migrate to English-speaking countries, many of the young people in those families quickly learn English. It is estimated, for example, that 10% of all younger persons in the UK still keep another language after they learn English. Probably similar figures are available in the US. Those children have an extra set of skills when speaking to other new English language learners.

The British Council is the highest authority on English learning and speaking. It agrees with us in its findings. David Graddol of the British Council is the writer of English Next, which is a major study from the British Council. Graddol said (as *translated into Globish*):

obcych dużo łatwiej.

Teraz, gdy tak wielu ludzi migruje do krajów anglojęzycznych, wielu młodych ludzi z tych rodzin szybko uczy się angielskiego. Na przykład, szacuje się, że 10% wszystkich młodych w Zjednoczonym Królestwie utrzymuje znajomość drugiego języka, po opanowaniu języka angielskiego.

Przypuszczalnie podobne statystyki są dostępne w Stanach Zjednoczonych. Te dzieci mają dodatkowy zakres umiejętności, gdy rozmawiają z innymi osobami rozpoczynającymi naukę angielskiego.

British Council jest najwyższym autorytetem w sprawie uczenia się i mówienia po angielsku. Potwierdza nasze spostrzeżenia. David Graddol, z British Council, jest autorem raportu „English Next", który jest głównym badaniem British

"(Current findings)... should end any sureness among those people who believe that the global position of English is completely firm and protected. We should not have the feeling that young people of the United Kingdom do not need abilities in additional languages besides English."

„(Aktualne wyniki badań)... powinny położyć kres przekonaniu, że globalna pozycja angielskiego jest całkowicie stała i zabezpieczona. Nie powinniśmy sądzić, że młode pokolenie Brytyjczyków nie potrzebuje znajomości innych języków poza angielskim."

Graddol confirms:

Graddol potwierdza:

"Young people who finish school with only English will face poor job possibilities compared to able young people from other countries who also speak other languages. Global companies and organizations will not want young people who have only English.

„Młodzi absolwenci mogą stawić czoła kiepskim perspektywom pracy znając jedynie angielski, w porównaniu z wielojęzyczną młodzieżą z innych krajów. Światowe firmy i organizacje nie będą chciały młodych ludzi którzy posługują się tylko angielskim.

Anyone who believes that native speakers of English remain in control of these developments will be very troubled. This book suggests that it is native speakers who, perhaps, should be the most worried. But the fact is that the future development of English

Każdy kto wierzy, że native speakerzy języka angielskiego nadal kontrolują ów rozwój, będzie się głęboko mylił. Ta książka sugeruje, że to właśnie native speakerzy powinni najbardziej się martwić. Fakt pozostaje faktem: przyszły rozwój języka angielskiego

is now a global concern and should be troubling us all.

English speakers who have only English may not get very good jobs in a global environment, and barriers preventing them from learning other languages are rising quickly. The competitive edge (personally, organizationally, and nationally) that English historically provided people who learn it, will go away as English becomes a near-universal basic skill.

English-speaking ability will no onger be a mark of membership in ı select, educated, group. Instead, he lack of English now threatens to eave out a minority in most

w świecie stanowi w chwili obecnej ogólnoświatowy problem i powinien leżeć nam wszystkim na sercu.

Przed jednojęzycznymi native speakerami języka angielskiego przyszłość pod względem ekonomicznym jawi się ponuro, a bariery uniemożliwiające im uczenie się innych języków szybko wzrastają. Przewaga nad konkurencją, którą historycznie język angielski dawał władającym nim osobom, organizacjom i grupom, będzie się zmniejszać, ponieważ język ten staje się umiejętnością coraz bardziej powszechną i podstawową. Konieczność utrzymania pozycji uprzywilejowanej przez wyjście poza język angielski będzie odczuwana coraz dotkliwiej.

Płynność posługiwania się językiem angielskim nie będzie stanowić wyznacznika członkowstwa starannie dobranej i wykształconej

44

countries rather than the majority of their population, as it was before.

grupy. Przeciwnie, brak znajomości angielskiego zagraża obecnie wyłączeniem raczej mniejszości niż większości ogółu, jak bywało w przeszłości.

Native speakers were thought to be the "gold standard" (idioms remain in this section); as final judges of quality and authority. In the new, quickly-appearing environment, native speakers may increasingly be indentified as part of the problem rather than being the basic solution. Non-native speakers will feel these "golden" native speakers are bringing along "cultural baggage" of little interest, or as teachers are "gold-plating" the teaching process.

Native speakerów uważano za „złoty standard" – do nich należały ostateczne decyzje w kwestii jakości; byli autorytetami. W nowym, gwałtownie rozwijającym się środowisku, native speakerów coraz częściej określa się mianem części problemu a nie źródłem rozwiązań. Mogą być postrzegani jako osoby niosące ze sobą bagaż kulturowy, cieszący się niewielkim zainteresowaniem u uczących się angielskiego lub jako „pozłótkę" procesu nauczania.

Traditionally, native speakers of English have been thought of as providing the authoritative standard and as being the best teachers. Now, they may be seen as presenting barriers to the free development of global English.

Tradycyjnie, native speakerów angielskiego uważano za autorytety tworzące standardy oraz najlepszych nauczycieli. Dziś postrzega się ich jako przeszkodę na drodze do swobodnego rozwoju

45

We are now nearing the end of the period where native speakers can shine in their special knowledge of the global "lingua franca."

Zbliżamy się do końca okresu pozwalającego native speakerom błyszczeć znajomością globalnej lingua franca.

Now David Graddol is an expert on this subject. But he is also an Englishman. It would be difficult for him - or any native English speaker - to see all that non-native speakers see... and see differently.

For example, non-native speakers see how native English speakers believe that their pronunciation is the only valid one. Pronunciation is not easy in English. There are versions of English with traditional or old colonial accents. Many different British accents were mixed in the past with local languages in colonies such as America, India, South Africa, Hong Kong, Australia, or New Zealand. Today more accents

David Graddol jest obecnie ekspertem w tym temacie. Jest on także Anglikiem. Dla niego – czy jakiegokolwiek innego native speakera – byłoby trudno dostrzec to, co widzą uczący się języka angielskiego... i spojrzeć inaczej.

Dla przykładu, uczący się angielskiego dostrzegają, że native speakerzy wierzą, iż tylko ich wymowa jest słuszna. A wymowa w języku angielskim nie jest łatwa. Istnieją wersje tego języka z tradycyjną wymową oraz takie, których wymowa wywodzi się jeszcze z czasów kolonialnych. Sporo różnych brytyjskich akcentów zmieszało się w przeszłości z językami

are becoming common as English gets mixed with the accents from other languages. Learners of English often have to struggle to hear "native" English and then to manage the different accents. Learners often learn English with the older colonial accents or newer accents. Not many people now speak English like the Queen of England.

Also, native speakers often use their local idioms as if they are universal. (Like saying that someone who dies is "biting the dust". How long does it take to explain what these really mean? The modern global citizen does not need language like that.)

używanymi w koloniach takich jak: Ameryka, Indie, Południowa Afryka, Hong Kong, Australia czy Nowa Zelandia. Obecnie coraz więcej akcentów staje się powszechnych, ponieważ angielski miesza się z innymi językami. Uczący się języka angielskiego często muszą starać się, aby usłyszeć „ojczysty" język angielski, a potem dawać sobie radę z innymi akcentami. Ci, którzy uczą się języka angielskiego, często uczą się go z akcentem z czasów kolonialnych lub współczesnym. Niewielu posługuje się dziś taką angielszczyzną jak Królowa Elżbieta.

Ponadto, native speakerzy często używają lokalnych idiomów tak jak gdyby były one uniwersalne. (Na przykład zamiast powiedzieć, że ktoś umiera, mówią, że „gryzie proch". Ile zajmuje wyjaśnienie, co to tak naprawdę znaczy? Obywatelowi

nowoczesnego świata nie jest potrzebny taki język).

Non-native speakers also observe this: that most native speakers believe they are English experts because they can speak English so easily.

Co więcej, uczący się angielskiego dostrzegają jeszcze jedną rzecz: większość native speakerów uważa się za ekspertów, bo bez problemów potrafią posługiwać się językiem angielskim.

Learning Conventional English

Nauka tradycyjnego angielskiego

Learning Globish Nauka Globish

Years 1 2 3 4

lata *(Conservative Time Estimates)*
przewidywany czas

Language schools in non-English-speaking countries often have native English speakers as teachers. They are said to be the "gold standard" (an *idiom!*) in English.

But these native speakers are

Szkoły językowe w krajach nieanglojęzycznych często mają native speakerów jako nauczycieli. Uważa się ich za „złoty standard" (co jest idiomem!) języka angielskiego.

Jednak nie zawsze są oni

not always trained teachers. Often all they have is their ability to pronounce words. They do not know what it is like to learn English. In the end result, a teacher needs to know to teach.

wykwalifikowanymi nauczycielami. Często jedyne co posiadają to ich umiejętność wymawiania słów. Ale nie wiedzą jak to jest uczyć się angielskiego. Ostatecznie nauczyciel powinien wiedzieć jak uczyć.

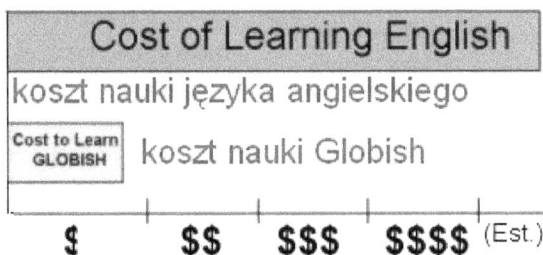

Cost of Learning English

koszt nauki języka angielskiego

Cost to Learn GLOBISH   koszt nauki Globish

$ $$ $$$ $$$$ (Est.)

So sometimes non-native English speakers become better teachers of English than people with the perfect UK, or US, or South African English pronunciation.

In the past, English schools have made a lot of money using native speakers to teach English. Thus the students always work towards a goal that is always out of reach. Probably none of these students will ever speak the Queen's English. To achieve that you must be born not far

Dlatego więc czasami ci którzy nie są rodzimymi użytkownikami języka angielskiego są lepszymi nauczycielami niż ci z idealną brytyjską, amerykańską czy nawet południowoafrykańską wymową.

W przeszłości, szkoły języka angielskiego zarabiały sporo pieniędzy zatrudniając native speakerów. W ten sposób uczniowie często zmierzali do celu, który jest nieosiągalny. Prawpodobnie żaden z tych uczniów nigdy nie będzie posługiwał się

from Oxford or Cambridge. Or, at a minimum, you must have learned English when your voice muscles were still young. That means very early in your life, before 12 years old. Learning to speak without an accent is almost impossible. You will always need more lessons, says the English teacher who wants more work.

But here is the good news: Your accent just needs to be "understandable"...not perfect. Learners of English often need to stop and think about what they are doing. It is wise to remember to ask: how much English do I *need*? Do I need *all* the fine words and perfect pronunciation? Perhaps not....

angielskim tak jak Królowa. Żeby ten cel osiągnąć musiałby urodzić się w pobliżu Oxfordu lub Cambridge. Albo, przynajmniej, musiałby się uczyć tego języka kiedy jego struny głosowe są jeszcze młode. Czyli musiałoby to być dość wcześnie, przed 12-tym rokiem życia. Nauka mówienia bez akcentu jest praktycznie niemożliwa. Według nauczyciela angielskiego, który chce mieć więcej pracy, zawsze będzie się potrzebować więcej lekcji.

Ale jest też dobra wiadomość: wystarczy, że Twój akcent będzie „zrozumiały"... a nie idealny. Uczący się angielskiego często muszą zatrzymać się by pomyśleć, co robią. Warto pamiętać o ważnym pytaniu: jakiego zakresu znajomości angielskiego *potrzebuję*? Czy potrzebuję *wszystkich* wspaniałych słów i idealnej wymowy? Prawdopodobnie nie...

Technical

Idiom - a term for the use of colorful words which may not be understood by non-native speakers.

Lesson - one section of a larger course of study

International

Migrate - to move your home from one country to another. Also: an immigrant is a person who migrates.

Chapter 5

The English Learners' Problem... Can Be Their Edge

/Some very expert English speakers take pride in speaking what is called "plain" English. They recommend we use simple English words, and to avoid foreign, borrowed words for example. So speaking plain English is not speaking bad English at all, and might even be speaking rather good English. Using unusual or difficult words does not always mean you know what you are talking about. In many cases, "plain" English is far more useful than other English. The term "Plain English" is the name of a small movement, but the term is most often used between native speakers to tell each other that the subject is too difficult. They say: *"Just tell me in plain English!"*

Rozdział 5

Problemy uczących się angielskiego... mogą dać im przewagę

Niektórzy wykwalifikowani mówcy angielskiego szczycą się tzw. „plain English" (*prosty angielski*). Radzą używać prostych angielskich wyrazów, a na przykład unikać zapożyczeń. A zatem mówienie takim prostym angielskim wcale nie oznacza mówienia słabym angielskim, a może nawet oznaczać całkiem dobrą angielszczyznę. Stosowanie rzadko używanych lub trudnych słów nie zawsze znaczy, że wiesz o czym mówisz. W wielu przypadkah „prosty" angielski jest o wiele praktyczniejszy niż jakikolwiek inny angielski. Wyrażenie „Plain English"

It is very important, on the other hand, to speak correct English. Correct English means using common English words in sentences that have reasonably good meanings. Of course, everyone makes mistakes now and then, but a good goal is to say things in a correct way using simple words. This makes it easier to say things that are useful.

Of course, we know that we say things well enough if people understand what we say. So we need to observe a level of usage and correctness in English which is "enough" for understanding. Less is not

jest nazwą niewielkiego ruchu, ale ten sam termin najczęściej jest używany między native speakerami, oznaczający, że dany temat jest zbyt trudny. Mówią wtedy: „Powiedz mi to prostym angielskim".

Z drugiej strony to bardzo ważne, by posługiwać się poprawną angielszczyzną. Poprawna angielszczyzna oznacza używanie powszechnych wyrazów w zdaniach, które mają sensowne znaczenie. Oczywiście każdy od czasu do czasu popełnia błędy, ale warto postawić sobie za cel prawidłowe posługiwanie się prostymi słowami. Dzięki temu łatwiej jest powiedzieć coś co jest przydatne.

Oczywiście wiemy, że wystarczająco dobrze coś mówimy, gdy inni nas rozumieją. A zatem musimy obserwować poziom użycia i poprawnosci, która

enough. And "more than enough" is too much – too difficult – for many people to understand. Most public messages – such as advertisements use fairly common words and fairly simple English. The messages often cost a lot so it is important everyone understands them. On television, time for messages can cost huge amounts so the English used is chosen very carefully. The American Football Super Bowl in the US has advertisements that are very easy to understand. The advertisers pay $2 000 000 a minute for their advertisements, so they want to be sure people understand!

There is a level of English that is acceptable for most purposes of

„wystarcza" w zrozumieniu angielskiego. Mniej nie wystarczy. A „więcej niż wystarczająco" to już zbyt dużo – jest zbyt trudne – dla wielu żeby to zrozumieć. W większości publicznych wiadomości – takich jak reklamy - używa się powszechnych słów i prostej angielszczyzny. Wiadomości są często bardzo kosztowne, dlatego bardzo ważne jest to, by były zrozumiane. W telewizji czas przeznaczony na takie informacje pochłania ogromne sumy, dlatego ich język dobierany jest bardzo starannie. Reklamy dotyczące Super Bowl amerykańskiego futbolu są proste do zrozumienia. Reklamodawcy płacą 2 mln dolarów za każdą minutę reklamy, więc chcą być pewni, że ludzie ją zrozumieją.

Istnieje poziom języka angielskiego, który pod

understanding. This is the level that Globish aims to show. As we will see in greater detail. Globish is a defined subset of English. Because it is limited, everyone can learn the same English words and then they can understand each other. Globish uses simple sentence structures and a small number of words, so that means you have to learn less. And it can be expanded easily when people choose to do this.

względem zrozumienia *nadaje się do większości celów.* Jest to poziom, który Globish zamierza zaprezentować. Jak to szczegółowo zobaczymy, Globish jest definiowany jako podzbiór języka angielskiego. W związku z tym, że jest ograniczony, każdy może nauczyć się takich samych angielskich wyrazów i być potem rozumiany przez innych. Globish stosuje proste konstrukcje zdaniowe i niewielką ilość słów, co oznacza mniej nauki. Może być jednak poszerzony w prosty sposób, jeśli tylko się tego chce.

The Globish word list has 1500 words. They have been carefully chosen from all the most common words in English. They are listed in the middle of this book. In the Oxford English Dictionary there are about 615000 entries. So how could 1500 words be

Lista wyrazów w Globish obejmuje 1500 słów. Były one starannie wybrane ze wszystkich najbardziej powszechnych wyrazów w języku angielskim. Wymienione są one w połowie tej książki.

enough? This book – in Globish – uses those 1500 basic words and their variations.

This list of 1500, of course, will also accept a few other words which are tied to a trade or an industry: call them "technical words." (Technical is a technical word.) Some technical words are understood everywhere. In the computer industry, words like web and software are usually known by everyone. They are from English or are made up, like Google. And in the cooking industry, many words are French, like "sauté" or "omelette".

Słownik Oxford English Dictionary zawiera około 615000 haseł. A zatem, w jaki sposób 1500 słów miałoby wystarczyć? Ta książka – napisana w Globish – stosuje te 1500 podstawowych słów i ich odmiany.

Oczywiście, ta lista 1500 słów nie wyklucza posługiwania się także kilkoma innymi słowami, które dotyczą handlu lub przemysłu. Są to tzw. „wyrazy techniczne". Niektóre takie techniczne wyrazy są ogólnie rozumiane. W przemyśle komputerowym, wyrazy takie jak *web* czy *software* zwykle są znane wszystkim. Są to angielskie wyrazy i są wymyślone, tak jak wyraz *Google*. Natomiast w przemyśle gastronomicznym, wiele wyrazów pochodzi z francuskiego, np. *sauté* czy *omlette*.

Globish also uses words that are already international. Travelers communicate using words like "pizza", "hotel", "police", "taxi", "stop", "restaurant", "toilets", and "photo".

Globish używa też wyrazów, które są uznawane za międzynarodowe.
Podróżnicy komunikują się za pomocą takich wyrazów jak: „pizza", „hotel", „police", „taxi", „stop", „restaurant", „toilets" czy „photo".

Experts say most native English speakers use only about 3,500 words. Well-educated speakers may know many more words but probably only use about 7,500 words. It is demonstrated that even native speakers with high education say 80% of what they have to say with only 20% of their word-wealth. This is only one good example of a universal law called the "Pareto Principle", named after its Paris-born inventor. The Pareto Principle states: For all things that happen, 80% of the results come from 20% of the causes. So, 20% of the

Eksperci twierdzą, że większość native speakerów posługuje się jedynie około 3500 słów. Dobrze wykształceni mówcy mogą znać o wiele więcej słów, ale i tak prawdopodobnie używają jakichś 7500. Widać więc, że nawet native speakerzy z wyższym wykształceniem przekazują ok. 80% informacji używając jedynie 20% znanego im słownictwa. Jest to tylko jeden wymowny przykład przedstawiający powszechne prawo zwane „Zasadą Pareto", po jej

educated native speaker's 7500 word wealth is....1500. So with 1500 words, you may communicate better than the average native English speaker, and perhaps as well as the highly-educated one – for 80% of the ideas. For the 20% left over, in Globish you can use a definition instead. You will not say "my nephew", as this could be too difficult in many non-English speaking countries. You will say instead: "the son of my brother". It will be all right.

paryskim twórcy. Zasada Pareto mówi: we wszystkim, co się dzieje, 80% rezultatów dzieje się ze względu na 20% przyczyn. Wynika z tego, że te 20% z 7500 słów używanych przez wykształconych native speakerów to ... 1500.

A zatem za pomocą 1500 słów, możesz komunikować się lepiej, niż przeciętny native speaker i równie dobrze jak ten wysoko wykształcony – w 80% przypadków.

W pozostałych 20%, w języku Globish możesz posłużyć się definicją. Nie powiesz: „mój bratanek", bo ten zwrot może okazać się zbyt trudny do zrozumienia w wielu krajach nieanglojęzycznych.

Zamiast tego powiesz: „syn mojego brata". Tak będzie poprawnie.

But where did the 1500 words come from?

Various lists of most-commonly-used English words have suggested the 1500 basic words of Globish. However, the value of a set of words should not be by the place they come from but how well we use them.

Globish is correct English *and* it can communicate with the greatest number of people all over the world. Of course, native English speakers can understand it very quickly because it is English. And even better: they usually do not notice that it is Globish. But non-native English speakers *do* see the difference: they understand the Globish better than the English they usually hear from native English speakers.

Ale skąd się bierze to 1500 słów?

Różne listy najbardziej powszechnych angielskich wyrazów wskazały 1500 podstawowych słów Globish. Jednak wartość zestawu tych słów powinna być określana nie przez to skąd się wzięły, ale przez to jak skutecznie się ich używa.

Globish jest poprawnym angielskim *i* za jego pomocą można komunikować się z największą liczbą ludzi na całym świecie. Oczywiście native speakerzy zrozumieją go bardzo szybko, bo jest to język angielski. A nawet lepiej: oni zwykle nie zauważają, że to Globish. Jednak osoby niebędące native speakerami języka angielskiego *rzeczywiście* dostrzegą różnicę: zrozumieją Globish lepiej niż angielski, który zwykle słyszą od native speakerów.

Technical Words

Technical - with a scientific basis, or used by a profession

International Words

Pizza - an Italian food found most places in the world

Hotel - a place to stay which rents many rooms by the night

Police - men or women who make certain you follow the law.

Taxi - a car and driver you rent to take you individual places

Restaurant - a place to eat where you buy single meals

Toilets - places to wash hands and do other necessary things

Photo - a picture taken with a camera

Piano - a large box with many keys to make music with

Sauté - French way of cooking; makes meat or vegetables soft

Omelette - a way of cooking meals with eggs

Chapter 6
The Value of a Middle Ground

There is a story about one of the authors. He worked for an American oil exploration company in his youth. He did not grow up in Oklahoma or Texas like the other workers. One time he had to work with map makers in the high plains of Wyoming. There, the strong winds are always the enemy of communication.

His job was to place recording devices on a long line with the map makers. He would go ahead first with a tall stick, and the oil company map makers behind would sight the stick from far away. They waved at him, to guide him left or right. Then he would shout out the number of the device he planted there, on

Rozdział 6
Znaczenie płaszczyzny porozumienia

Istnieje pewna opowieść dotycząca jednego z autorów. W młodości pracował dla amerykańskiej firmy zajmującej się poszukiwaniem ropy naftowej. Nie dorastał ani w Oklahomie ani w Teksasie, tak jak inni pracownicy. Pewnego razu przyszło mu pracować z kartografami na wysokich równinach Wyoming. Tamtejsze silne wiatry zawsze są przeszkodą w komunikacji.

Wraz z kartografami jego zadaniem było umieścić urządzenia rejestrujące w linii prostej. Szedł jako pierwszy z tyczką mierniczą, a kartografowie przedsiębiorstwa naftowego widzieli go tylko z oddali. Machali do niego, żeby pokierować go w prawo lub w lewo. Potem on krzyczał

that straight line. The wind was very loud and he had to shout over it. But often the map makers from Oklahoma and Texas would just shake their heads. They could not understand what he shouted. The boy couldn't talk right – they said.

That Then one night, all the men had drinks together. They said they did not want to fire him, but they could not understand his numbers in the wind. After a few more drinks, they decided they could be language teachers. They taught him a new way to count, so the wind would not take away the numbers when he shouted them.

Some of the numbers in the new dialect of English sounded familiar, but others were totally different: (1) "wuhn" (2) "teu" (3) "thray" (4) "foar" (5) "fahve" (6) "seex" (7) "sebn" (8) "ate" (9) "nahne" (10) "teeyuhn" (11) "lebn", and on like that. The

im numer urządzenia, które umieszczał tam w linii prostej. Wiatr był bardzo głośny, więc musiał go przekrzyczeć. Jednak często kartografowie z Oklahomy czy Teksasu po prostu kręcili głowami. Nie rozumieli go. Uważali, że chłopiec nie potrafił poprawnie mówić.

Tej nocy, wszyscy mężczyźni wypili razem drinka. Mówili, że nie chcą go zwolnić, ale nie mogli zrozumieć jego liczb na wietrze. Po kilku drinkach zdecydowali się być jego nauczycielami języka. Nauczyli go nowego sposobu liczenia tak, aby wiatr nie zakłócał liczb, które im przekazywał.

Niektóre liczby w nowym dialekcie angielskiego brzmiały znajomo, ale niektóre były zupełnie inne: (1) "wuhn" (2) "teu" (3) "thray" (4) "foar" (5) "fahve" (6) "seex" (7)"sebn" (8) "ate" (9) "nahne" (10) "teeyuhn" (11) "lebn" i tak

map-makers were very happy, and not just because of the drinks. They had saved more than a job. They felt they had saved a soul. They had taught someone to "talk right" as they knew it.

Many people have experiences like this. If we do not speak different languages or dialects, at least we speak differently at times. We can copy different accents. Sometimes we speak in new ways to make it easier for others to understand us, and sometimes to sound like others so we are more like them. We often use different ways of speaking for jokes.

It should be easy to use Globish – the same words for everyone everywhere in the world. One language for everyone would be the best tool ever. It would be a tool for communication in a useful way. It might not be as good for word games as English, or as good for describing deep

dalej. Kartografowie byli bardzo szczęśliwi, nie tylko z powodu drinków. Uratowali coś więcej niż tylko pracę. Czuli jak gdyby ocalili duszę. W ich mniemaniu nauczyli kogoś mówić poprawnie.

Wiele osób ma takie doświadczenie. Jeśli nie potrafimy mówić innymi językami czy dialektami, przynajmniej czasami wypowiadamy się inaczej. Możemy powielać inne akcenty. Czasem mówimy nowym sposobem, żeby innym ułatwić zrozumienie nas lub po to, aby brzmieć podobnie jak oni. Czasem też w różny sposób opowiadamy dowcipy.

Globish powinien być łatwy w zastosowaniu – te same słowa dla każdego, w każdym miejscu na świecie. Jeden język dla wszystkich byłby najlepszym, jak dotąd wymyślonym narzędziem. Byłoby to narzędzie do porozumiewania się

feelings. But Globish would be much better for communication between – or with – people who are not native English speakers. And, of course, native English speakers could understand it too.

So Globish makes an effective tool. You'll be able to do almost anything with it, with a good understanding of what it is and how it works.

But Globish does not aim to be more than a tool, and that is why it is different from English. English is a cultural language. It is a very rich language. It sometimes has 20 different words to say the same thing. And it has a lot of different ways of using them in long, *long* sentences. Learning all the rest of English is a lifetime of work but there

w pożyteczny sposób. Być może nie byłoby aż tak dobre jak język angielski w przypadku gier słownych czy opisywaniu głębokich uczuć. Jednak z pewnością Globish okazałby się lepszy w komunikacji między – albo z – ludźmi, którzy nie są native speakerami. Oczywiście byłby też zrozumiały dla rodowitych użytkowników języka angielskiego.

A zatem Globish stanowi pożyteczne narzędzie. Będziesz w stanie załatwić niemalże wszytko, dzięki właściwemu zrozumieniu czym on jest i jak działa.

Jednak Globish ma być czymś więcej niż tylko narzędziem, czym różni się od języka angielskiego, który jest językiem kultury. Jest to bardzo bogaty język. Czasami aż 20 różnych wyrazów określa tą samą rzecz. Ponadto istnieje wiele różnych sposobów zastosowania ich w *bardzo długich* zdaniach. Nauczenie

is a good reward. People who learn a lot of English have a rich world of culture to explore. They do a lot of learning and can do a lot with what they learn.

But Globish does not aim so high. It is just meant to be a necessary amount. Globish speakers will enjoy travel more, and can do business in Istanbul, Kiev, Madrid, Seoul, San Francisco and Edinburgh.

This will be worth repeating: *Globish is "enough" and less than Globish would be not enough. But more than Globish could be too much, and when you use too much English, many people will not understand you.*

This confuses some people, especially English teachers. They say: "How is better

się całej reszty angielskiego zajęłoby całe życie, ale niesie to też ze sobą pewne korzyści. Osoby pogłębiające wiedzę w zakresie języka angielskiego mają do odkrycia bogaty świat kultury. Mogą sporo się nauczyć i na różne sposoby tą wiedzę wykorzystać.

Ale Globish nie mierzy tak wysoko. Chodzi o to by osiągnąć wystarczający poziom. Osoby posługujące się Globish będą czerpały więcej zadowolenia z podróży i będą mogły robić interesy w Istanbule, Kijowie, Madrycie, Seulu, San Francisco czy Edynburgu.

Warto powtórzyć: *Globish jest „wystarczający", a mniej niż Globish nie wystarczy. Z kolei więcej niż Globish może być zbyt dużo. A kiedy używasz zbyt wiele angielskiego spora liczba osób cię nie zrozumie.*

Niektórzy mogą czuć sie tym zakłopotani, przede wszytkim nauczyciele języka

English, richer English, *not always* better?" English teachers like people to enjoy the language, to learn more and more English. It is their job.

When we see native speakers speak English it seems so easy. We think it should be easy for non-native speakers too. But when we look at English tests, we see that all kinds of English are used. There is no clear level of English, just more and more of it. For example, the TOEIC (Test of English for International Communication) does not tell you when you are ready. It does not say when you have "acceptable" English. Globish is a standard that you can reach. A Globish test can tell you if you have a required amount of language to communicate with other people. That is what brings "understanding" – and either we have it, or we don't.

angielskiego. Twierdzą: „W jaki sposób lepszy, bogatszy angielski *nie zawsze jest* lepszy?" Nauczyciele lubią gdy inni czerpią radość z pogłębiania znajomości języka angielskiego. Taka jest ich praca.

Widząc native speakerów z łatwością posługujących się językiem angielskim sądzimy, że w naszym wypadku będzie to równie proste. Jednak gdy spojrzymy na testy sprawdzające znajmość angielskiego widzimy, że używa się w nich wszystkich rodzajów angielskiego. Nie ma wyraźnego poziomu, tylko coraz większy zakres materiału. Dla przykładu, test TOEIC (z ang. Test of English for International Communication) nie informuje, kiedy jesteś gotowy do komunikacji. Nie mówi także, kiedy osiągniesz „wystarczający" poziom. Z kolei Globish jest tym poziomem, który możesz osiągnąć. Dzięki Globish będziesz wiedział,

kiedy osiągniesz wymagany zasób wiedzy by móc komunikować się z innymi. A to z kolei umożliwia „zrozumienie" – i albo je osiągnęliśmy albo nie.

The British Council says (in Globish again):

Według British Council:

> "For ELF (English as a Lingua Franca) being <u>understood</u> is most important, **rather more** important than being perfect. The goal of English – within the ELF idea – is not a native speaker but a good speaker of two languages, with a **national** accent and some the special skills to achieve understanding with another non-native speaker."

> Dla ELF (z ang. English as a Lingua Franca, dosł. Język angielski jako Lingua Franca) zrozumienie jest dużo ważniejsze niż perfekcja. Celem języka angielskiego – w ramach ELF – nie jest native speaker, ale osoba dwujęzyczna z narodowym akcentem, posiadająca szczególne umiejętności konieczne do negocjacji znaczenia z innymi nie-native speakerami.

These non-native speakers, in many cases, speak much less perfect English than native speakers. Speaking with words that go past the words they understand is the best way to lose them. It is better then, to stay within the

W wielu przypadkach takie osoby posługują się mniej idealnym angielskim niż native speakerzy. Używając słów powyżej poziomu, który oni rozumieją, można stracić słuchaczy. Lepiej wtedy nie wychodzić poza

69

Globish borders. It is better to do that than to act as if you believe that the best English shows the highest social status. **With Globish, we are all from the same world.**

granice Globish. Lepiej tak postąpić niż zachowywać się jak gdyby posługiwanie się najlepszymi formami angielskiego miało świadczyć o naszym wysokim statusie społecznym. **Dzięki Globish wszyscy należymy do tego samego świata.**

Chapter 7

The Beginnings of Globish

The *most* important thing about Globish is that it started with non-native English speakers. Some English professor could have said "I will now create Globish to make English easy for these adults who are really children." Then Globish would not be global, but just some English professor's plaything. But the true Globish idea started in international meetings with British, Americans, continental Europeans, and Japanese, and then Koreans. The communication was close to excellent between the British and the Americans. But it was not good between those two and the other people. Then there was a big surprise: the communication between the last three groups, continental Europeans, Japanese, and

Rozdział 7

Początki Globish

Najważniejszą rzeczą w Globish jest to, że miał on swój początek wśród osób nie będących native speakerami. Pewien profesor angielskiego mógł kiedyś pomyśleć „Stworzę Globish, żeby uprościć język angielski dla tych dorosłych, którzy w rzeczywistości są dziećmi". Ale wtedy Globish nie byłby językiem globalnym, tylko zabawką pewnego angielskiego profesora. Prawdziwy pomysł Globish powstał na międzynarodowych spotkaniach z Brytyjczykami, Amerykanami, kontynentalnymi Europejczykami i Japończykami, a potem Koreańczykami. Komunikacja między Brytyjczykami i Amerykanami była bliska perfekcji. Jednak między

Koreans, was among the best. There seemed to be one good reason: they were saying things with each other that they would have been afraid to try with the native English speakers – for fear of losing respect. So all of these non-native speakers felt comfortable and safe in what sounded like English, but was far from it.

But those non-native English speakers were all *talking* to each other. Yes, there were many mistakes. And yes, the pronunciation was strange. The words were used in unusual ways. Many native English speakers think English like this is horrible. However, the non-native

nimi, a pozostałymi ludźmi już taka nie była. Wielkim zaskocznieniem było to, że komunikacja między ostatnimi trzema grupami: kontynentalnymi Europejczykami, Japończykami i Koreańczykami, była jedną z lepszych. Powód wydaje się być istotny: rozmawiali ze sobą w taki sposób, w jaki baliby się rozmawiać z native speakerami języka angielskiego – w obawie utraty szacunku. A zatem wszyscy ci pozostali czuli się swobodnie i bezpiecznie z tym, co brzmiało jak język angielski, ale było bardzo od niego dalekie.

A jednak oni *rozmawiali* ze sobą. Owszem, popełniali wiele błędów. I owszem, ich wymowa była dziwna. Używali słów w niezwykły sposób. Wielu native speakerów uważa, że taki angielski jest straszny. A jednak tamci czerpali przyjemność z rozmowy.

speakers were enjoying their communication.

But as soon as one of the English or Americans started speaking, everything changed in one second. The non-native speakers stopped talking; most were afraid of speaking to the native English speakers. None of them wanted to say a word that was incorrect.

It is often that way across the world. Non-native English speakers have many problems with English. Some native English speakers say non-natives speak "broken English." In truth, non-native English speakers talk to each other effectively *because* they respect and share the same limitations.

The Frenchman and the Korean know they have

Ale gdy tylko Anglik lub Amerykanin włączył się do rozmowy, wszystko zmieniało się w jednej sekundzie. Nie-native speakerzy przestawali mówić; większość z nich obawiało się rozmawiać z native speakerami. Żaden z nich nie chciał powiedzieć jakiegoś słowa niepoprawnie.

Często tak się zdarza na całym świecie. Osoby, których rodzimym językiem nie jest angielski mają z nim sporo problemów. Niektórzy native speakerzy twierdzą, że osoby uczące się angielskiego mówią „łamaną angielszczyzną".
W rzeczywistości ludzie rozmawiają z innymi skutecznie, ponieważ mają takie same ograniczenia i je szanują.

Francuz i Koreańczyk wiedzą, że mają podobne

similar limitations. They do not use rare, difficult-to-understand English words. They choose words that are "acceptable" because they are the easiest words they both know. Of course, these are not always those of the native speakers, who have so many more words to choose from.

The idea of Globish came from this observation: limitations are not always a problem. In fact, they can be useful, if you understand them. Jean-Paul Nerrière could see that "*if we can make the limitations exactly the same, it will be as if there are no limitations at all*". He decided to record a limited set of words and language that he observed in most non-English speakers. He then suggested that people from various mother tongues can communicate better if they use these carefully chosen limitations. Globish is that "common ground."

ograniczenia. Nie używają rzadkich, trudnych do zrozumienia angielskich słów. Używają wyrazów, które są „dopuszczalne", ponieważ są to najprostsze słowa znane im obojgu. Oczywiście,
w przeciwieństwie do native speakerów, nie mają tak wielkiego zasobu słów.

Idea Globish wywodzi się z poniższego spostrzeżenia: ograniczenia nie zawsze są problemem.
W rzeczywistości, mogą być pożyteczne, jeśli się je rozumie. Jean-Paul Nerrière określił to tak: „*jeśli możemy ustalić jednakowe ograniczenia, to było by tak, jak gdyby ich wcale nie było*". Zdecydował się zarejestrować ograniczony zestaw słów oraz język, który zaobserwował u większości nie-native speakerów. Potem zasugerował, że ludzie mówiący różnymi językami mogą się lepiej komunikować używając tych skrupulatnie wybranych ograniczeń.

Globish jest tą „wspólną płaszczyzną".

Nearly-Identical Limitations Worldwide
niemal identyczne ogólnoświatowe ograniczenia

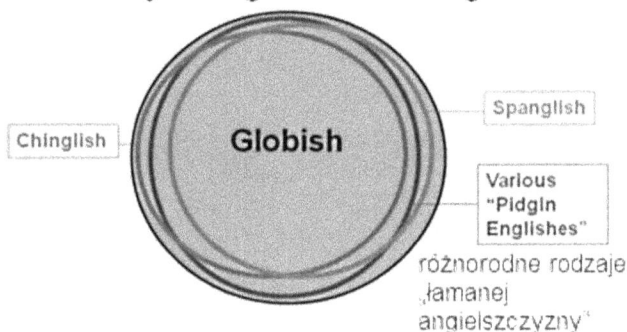

Chinglish

Globish

Spanglish

Various "Pidgin Englishes"

różnorodne rodzaje łamanej angielszczyzny

Globish Combines Limitations
Globish łączy ograniczenia

This theory of limitations is not as strange as it might seem at first. Most human activities have some limitations.

The World Cup is one of the most-watched competitions in the world, because its set of "limitations" makes it a great game for everyone. In this game of foot-ball, players must use their feet most of the time to control the ball, so tall people and people with big arms do not always win. Some people say it is dancing

Ta teoria ograniczeń nie jest tak dziwna jak może na pierwszy rzut oka wyglądać. Większość ludzkich czynności ma pewne ograniczenia.

Puchar Świata jest jednym z najczęściej oglądanych zawodów na świecie, ponieważ jego zestaw „ograniczeń" sprawia, że jest to świetna gra dla każdego. W piłce nożnej gracze muszą używać nóg prawie cały czas, żeby kontrolować piłkę, więc ludzie wysocy lub ci z umięśnionymi ramionami nie

with the ball; the limitations make it beautiful.

Ballet, of course, has limitations too; it is what you say with your body. And people of every language enjoy both of these. The beauty happens when the limitations are the same. Globish is about having the same limitations, so there is no limit to what can be communicated between people speaking or writing or reading Globish.

We hope the dancers will not start singing in ballets. But what happens when you can use your hands in "football?" Then – mostly in the English-speaking cultures – we see their American football and Rugby football. These do not have the limitations of playing only with their feet. Not as many people in the world can sit together and enjoy watching.

zawsze wygrywają. Niektórzy twierdzą, że jest to taniec z piłką; a ograniczenia sprawiają, że ma to swój urok.

Oczywiście również balet ma swoje ograniczenia; to jest to, co wyrażasz swoim ciałem. Oba sporty są lubiane przez ludzi mówiących różnymi językami. Ma to swój urok wtedy, gdy ograniczenia są jednakowe. W Globish chodzi o te same ograniczenia, ale nie ma limitu w tym, co chcesz przekazać innym mówiąc, pisząc czy czytając w Globish.

Mamy nadzieję, że tancerze nie zaczną śpiewać w balecie. A co się dzieje, gdy gracz użyje rąk w piłce nożnej? Z kolei głównie w krajach anglojęzycznych możemy obejrzeć amerykański futbol lub rugby. Nie ma w nich ograniczeń, aby grać tylko nogami. Mniej ludzi czerpie przyjemność ze wspólnego oglądania tego typu sportów. W tym przypadku nie łączą ich

It is not something they all can share, all knowing the same limitations.

The limitations of Globish also make it easier to learn, easier to find a word to use. Native English speakers seem to have too many words that say the same thing and too many ways to say it.

So communication between non-native speakers can be much more effective when they are using Globish. And if non-native and native speakers use Globish between themselves, both of them will understand. Most people would think that native English speakers could know how to speak Globish in one second. But that is not true. Native English speakers who use too many words in too many ways are, in fact, missing a huge opportunity to communicate with the world.

The British Council tells us

takie same ograniczenia.

Ograniczenia w Globish ułatwiają uczenie się i znalezienie słów, którymi chce się posłużyć. Wydaje się, że native speakerzy mają zbyt wiele słów, aby wyrazić to samo i zbyt wiele sposobów, żeby to powiedzieć.

A zatem komunikacja między nie-nativami może być bardziej efektywna, jeśli używają Globish. A jeśli rozmawiają z native speakerami używając Globish, zrozumieją się nawzajem. Większość ludzi twierdzi, że native speakerzy od razu będą wiedzieli jak posługiwać się Globish. Ale to nie prawda. Native speakerzy, którzy używają zbyt wielu słów na zbyt wiele sposobów w rzeczywistości tracą szansę na komunikowanie się ze światem.

British Council informuje nas:

(here in Globish):

"People have wondered for years whether English is so solid in international communication that even the rise of China could not move it from its high position. The answer is that there is already a new language, which was being spoken quietly while native-speakers of English were looking the other way. These native-speakers of English were too happy when they thought their language was the best of all. The new language that is pushing out the language of Shakespeare as the world's Lingua Franca is English itself – English in its new global form. As this book (English Next) shows, this is not English as we have known it, and have taught it in the past as a foreign language. It is a new happening, and if it represents any kind of winning, it will probably not be the cause of celebration by native

„Ludzie od kilkunastu lat zastanawiają się, czy język angielski jest na tyle solidny w międzynarodowej komunikacji, by nawet rozwój Chin nie mógł pozbawić go dominującej pozycji. Odpowiedź brzmi: istnieje już pewien język- pojawił się na scenie bez rozgłosu, podczas gdy wielu native speakerów języka angielskiego patrzyło w innym kierunku, ciesząc się z hegemonii swojego języka. Nowym językiem, który z wielką szybkością wypiera mowę Szekspira z roli światowej lingua franca jest sam język angielski, a raczej – język angielski w swojej nowej, globalnej formie. Jak pokazuje niniejsza książka (English Next), nie jest to taki język angielski jakim go znamy; to nie język, jakiego uczyliśmy się w przeszłości jako języka obcego. To zjawisko nowe, a jeśli nawet stanowi ono

78

English speakers."

czyjś triumf, to przypuszczalnie native speakerzy języka angielskiego nie mają powodów do radości."

The British Council continues (in our Globish):

British Council podaje dalej:

"In organizations where English has become the business language, meetings sometimes go more smoothly when no native speakers are present. Globally, the same kind of thing may be happening, on a larger scale. This is not just because non-native speakers fear to talk to a native speaker. The change is that soon the problem may be that few native speakers will be accepted in the community of lingua franca users. The presence of native English speakers gets in the way of communication."

„W organizacjach przyjmujących angielski za język korporacyjny, spotkania czasem przebiegają bardziej płynnie, gdy nie ma na nich obecnego ani jednego native speakera. Globalnie, na szerszą skalę, może zajść to samo zjawisko. Dzieje się tak nie dlatego, że nie-native speakerzy są onieśmielani obecnością native speakera. W coraz większym stopniu problem może polegać na tym, że niewielu native speakerów należy do wspólnoty użytkowników lingua franca. Ich obecność przeszkadza w komunikacji."

Strangely, many native English speakers still believe they can do all things better

O dziwo, wielu native speakerów ciągle wierzy, że może wszystko zrobić lepiej

than non-native speakers just because they speak better English. How long will it take for them to understand that they are wrong? They have a problem that *they are not able* to understand. They do not see that many non-native speakers simply cannot understand them. This does not mean the native speaker's English is bad. It means that their *communication* is bad; sometimes they do not even attempt to make their communication useful to everyone. Often they don't know how.

We want everyone to be able to speak to and understand everyone. There is a middle ground, but the native English speakers are not the ones drawing the borders. And because you may not be able to say this to a native speaker, who might not be able to understand – we will say it here.

niż nie-native speakerzy tylko dlatego, że mówią lepiej po angielsku. Ile czasu im zajmie zrozumienie, że są w błędzie? Ich problemem jest to, że *nie są w stanie tego* zrozumieć. Nie widzą, że wielu nie-native speakerów po prostu ich nie rozumie. Nie oznacza to, że język charakterystyczny dla rodzimych użytkowników języka angielskiego jest zły. Ale oznacza to, że ich *komunikacja* jest zła; czasem nawet nie próbują sprawić, żeby ich komunikacja była przydatna dla każdego. I często nie wiedzą jak to zrobić.

Chcemy, żeby wszyscy potrafili rozmawiać i rozumieć innych. Istnieje wspólne stanowisko, ale to nie native speakerzy wyznaczają granice. Ponieważ ty mógłbyś nie być w stanie powiedzieć tego native speakerom, którzy zresztą mogliby tego nie zrozumieć – my powiemy im to tutaj.

To belong to the international community, a native English speaker must:

understand.... what is explained in this book,

accept.... that it is the fact of a new world which has many new powers that will be as strong as the English-speaking countries,

decide **to change** with this new reality, in order to still be a member.

Whenever a native English speaker acts as if *you* are the stupid one, **please give them this book**. If they choose to take no notice of their problem, they will be left out of communication. They will be left out of activities with others – worldwide – if they do not learn to "limit" the way they use their language. English speakers need to limit both spoken and written English for communication with non-native English speakers. In short, they too need to

Żeby należeć do międzynarodowej społeczności, native speaker musi:

- **rozumieć**... to, co jest wyjaśnione w tej książce,

- **akceptować**... że jest to fakt nowego świata, który ma wiele nowych możliwości, by być tak silnym jak kraje anglojęzyczne,

- zdecydować się **na zmiany** wraz z nową rzeczywistością, żeby nadal być członkiem tej społeczności.

Ilekroć native speaker zachowuje się tak jak gdybyś *ty* był głupi, **proszę, daj mu tę książkę**. Jeśli zdecyduje się nie zwracać na to żadnej uwagi, to już jego problem. To oni będą pominięci w komunikacji. Będą pominięci w zajęciach z innymi – na skalę światową – jeśli nie nauczą się ograniczyć sposobów używania języka. Osoby posługujące się językiem angielskim muszą ograniczyć zarówno mówiony jak i pisany angielski w komunikacji z nie-nativami. Krótko mówiąc, muszą

"learn" Globish. It is not an easy exercise, but it can be done. Some of this book will help them.

Globish has a special name

It is very important that the Globish name is *not* "English for the World" or even "Simple English." If its name were *any kind* of English, the native English speakers would say. "OK, we won. Now all you have to do is speak better English." Without the name Globish, they will not understand it is a special kind of English, and it is no longer "their" English. Most native English speakers who understand this should decide they like it. Hopefully they will say: "Now I understand that I am very lucky. Now my language will be changed a little for the rest of the world. Let me do my best, and they can do their best, and we will meet in the middle."

So *Globish* is a word that tells

nauczyć się Globish. Nie jest to łatwe, ale wykonalne. Ta książka może im w tym pomóc.

Globish ma wyjątkową nazwę

To bardzo ważne, że Globish nie nazywa się „światowym angielskim" czy „prostym angielskim". Gdyby w nazwie był **angielski** native speakerzy powiedzieliby „OK, wygraliśmy. Teraz wszystko co musicie zrobić, to mówić lepiej po angielsku". Bez nazwy Globish, nie rozumieliby, że jest to wyjątkowy rodzaj angielskiego, i że to nie jest już „ich" angielski. Większość native speakerów, którzy to rozumieją powinni stwierdzić, że jest to dobre. Miejmy nadzieję, że powiedzą: „Teraz rozumiem, że mam szczęście. Mój język będzie trochę zmieniony dla dobra reszty świata. Zrobię co w mojej mocy i oni również, i spotkamy się pośrodku".

A zatem *Globish* jest wyrazem,

native English speakers – and non-native speakers – that Globish has a different meaning. Globish is the global language, the language people everywhere can speak. Globish is a name to say that there are limits which everyone can learn. There is a clear set of things they need to learn. And when they learn them, they are done.

Language is equal on this Globish middle ground. No one has an edge. No one can be above anyone else because of language. This is the land where everybody can offer the best ideas with all of his or her professional and personal abilities. Globish will be a foreign language to everyone, without exception. It is not "broken English." It is another version of English to which no native English speaker was born.

We all come together here.

który mówi native speakerom – i pozostałym – że Globish ma inne znaczenie. Globish jest globalnym językiem. Językiem, którym ludzie mogą się wszędzie posługiwać. Jest on nazwą mówiącą, że istnieją ograniczenia, których wszyscy mogą się nauczyć. Jest wyraźny zakres rzeczy, których trzeba się nauczyć. To wszystko, co muszą zrobić.

Na tym wspólnym gruncie Globish jest równy. Nikt nie ma przewagi. Nikt nad nikim nie góruje ze względu na język. To teren, gdzie każdy może zaproponować najlepsze pomysły z jego zawodowymi lub osobistymi zdolnościami. Globish będzie językiem obcym dla każdego, bez wyjątku. Nie jest to „łamana angielszczyzna". To inna wersja angielskiego, w której nie ma native speakerów.

Wszyscy dochodzimy do tego samego miejsca.

Chapter 8
Is Globish More Useful than English?

We talk a lot about international communication, but Globish is also important for *national* communication. In many countries, people speak several languages that are all important. Swiss people speak German, Italian, French or Romansh. Belgians speak French, German, Dutch or Flemish. The largest countries like India, and Russia, and China each have many local languages. Israelis speak Hebrew or Arabic. In many cases, all those people only know their own language. They cannot communicate together because they know only one language; their own. In some countries, even people who *can* speak another language try *not* to

Rozdział 8
Czy Globish jest bardziej przydatny niż język angielski?

Dużo tu mówimy o międzynarodowej komunikacji, jednak Globish jest istotny także w *narodowej* komunikacji. W wielu krajach ludzie posługują się kilkoma językami i każdy z nich jest istotny. Szwajcarzy mówią po niemiecku, włosku, francusku i romańsku. Belgijczycy mówią po francusku, niemiecku, holendersku czy flamandzku. Największe państwa takie jak Indie, Rosja i Chiny, mają wiele lokalnych języków. Izraelczycy posługują się hebrajskim i arabskim. W wielu przypadkach wszyscy ci ludzie znają tylko swój własny język. Nie są w stanie komunikować się między sobą, bo znają tylko jeden język. W niektórych

speak it. It is the language of a group they do not like.

In all those cases, Globish is the solution. It is much better defined than the "broken English" which is left over from sad school days. Already, in many of these countries, people try to communicate in English just because it is neutral. It is not the language of any one group. Globish is good for them because it offers a solution and is easy to learn.

For people who do not have the time or the money for a full English program, Globish is good. Its plain and simple English will work for them. With Globish they can learn what they need – but no more. They also like the idea of Globish because it is a solution for the person in the street. English, in most cases,

krajach, nawet ludzie, którzy *potrafią* mówić innym językiem starają się nim *nie* posługiwać, ponieważ jest on używany przez ludzi z grupy, której nie lubią.

We wszystkich tych przypadkach Globish stanowi rozwiązanie. To coś więcej niż „łamana angielszczyzna", która pozostała po smutnych szkolnych latach. W wielu krajach ludzie starają się porozumiewać w języku angielskim, bo uważają go za neutralny. Nie jest to język należący do jakiejś grupy. Globish może okazać się dla nich dobrym rozwiązaniem i jest prosty w nauce.

Globish jest odpowiedni dla ludzi, którzy nie mają czasu lub pieniędzy aby zgłębić tajniki języka angielskiego. Taka jasna, prosta angielszczyzna może się w ich wypadku sprawdzić. Dzięki Globish uczą się tego, co jest im potrzebne – i niczego więcej. Ponadto idea Globish może się

is available for educated people, the upper class. In these countries with more than one language, the rich can travel, and the rich can send their children to study in English-speaking countries. The poorest people also need English, to get ahead in their nation and the world, but they do not have the same resources. Globish will allow the people inside nations to talk more, and do more business there and with the rest of the world. That is the result of Globish – more national talk and more global talk.

What makes Globish more inviting is that people can use it very soon. The learners quickly learn some Globish, then more, then most of what they need, and finally all of it. So, Fast Early Progress (FEP) and a Clear End Point

podobać, bo jest rozwiązaniem dla przeciętnego człowieka. W większości przypadków język angielski jest dostępny dla ludzi wykształconych, ludzi z klasy wyższej. W krajach wielojęzycznych to bogaci mogą podróżować czy wysyłać swoje dzieci na studia do krajów anglojęzycznych. Biedniejsi także potrzebują języka angielskiego, żeby awansować, czy to w kraju czy na świecie, ale nie dysponują takimi samymi środkami. Globish umożliwi ludziom częstsze rozmawianie wewnątrz narodu, jak również robienie interesów wewnątrz i poza nim. Właśnie taki jest rezultat Globish – więcej narodowych i globalnych rozmów.

To, co sprawia, że Globish jest bardziej atrakcyjny, to fakt, że można go bardzo szybko zastosować. Osoby, które się go uczą, mogą szybko przyswoić sobie podstawy, potem trochę więcej, potem większość tego

(CEP) improve the student's wish to continue. The Return On Effort (ROE) is just as important as ROI (Return On Investment) is for a business person. In fact, they are very much alike.

co potrzebują, aż w końcu opanują całość. A zatem Szybki Wczesny Rozwój (SWR) i Wyraźny Punkt Końcowy (WPK) zwiększają chęć do dalszej nauki. Zwrot Nakładów (ZN) jest tak istotny jak Zwrot z Inwestycji (*ROI z ang. Return On Investment*) dla biznesmenów. W rzeczywistosci, są one bardzo do siebie podobne.

gl🌐bish

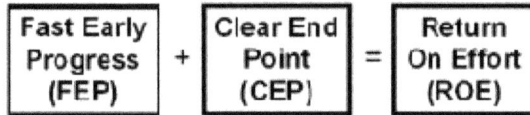

Szybki Wczesny Rozwój (SWR)	Wyjaźny Punkt Końcowy (WPK)	Zwrot Nakładów (ZN)
Fast Early Progress (FEP) +	**Clear End Point (CEP)** =	**Return On Effort (ROE)**
Build on English you have. Globish doesn't need all the kitchen tools, English measures, cultural ideas, or perfect Oxford Pronunciation	"Enough English" means you can do the most business, travel in the most countries, and talk to the most people, and write to the most people.	From "Enough" - each 5% "better" English requires another year of study. All people don't have the time or the money to be more perfect.
Bucuj na obecnej znajomosc angielskego. W Globish niepotrzebne są nazwy wszystkich narzędzi kuchennych, miar, pomysłów kulturalnych czy idealnej oksfordzkiej wymowy.	"Wystarczający angielski" oznacza, że możesz załatwić większość interesów, pocróżować do większości krajów, oraz rozmawiać i koresoondować z większością ludzi.	Od "wystarczającego" pozioru każde następne 5% "lepszej" angielszczyzny to kolejny rok nauki. Ludzie nie mają tyle czasu ani pieniędzy, żeby być bardziej doskonali.

88

An investor wants to see a valuable return, and a pathway to get there, and a defined end point. In this case, however, every person can be an investor in his or her own future.

The average person in the street has valuable skills or ideas that are not being used. If they cannot operate in all of their nation or all of the world, then those skills or ideas have much less value. So we are all investors.

There are several ways to learn Globish. Some learners know about 350 to 500 common words in English and can read and say them. Learning Globish can take these people about 6 months if they study for an hour every day, including practice writing and speaking. In six months, with more than 120 days of learning, they can learn just 10 words a day. That should not be too hard.

Inwestor chce widzieć szacunkowy zwrot, sposób w jaki go osiągnąć i wyraźny punkt końcowy. Jednak w tym przypadku każda osoba może być inwestorem w swoją własną przyszłość.

Przeciętny człowiek posiada cenne umiejętności lub pomysły, które nie są wykorzystywane. Jeśli nie może on działać wewnątrz kraju czy na świecie, te umiejętności bądź idee mają znacznie mniejszą wartość. Podobnie jest z nami jako inwestorami.

Istnieje kilka sposobów nauki Globish. Niektórzy znają ok. 350-500 powszechnych angielskich słów i potrafią je przeczytać lub wypowiedzieć. Tym osobom nauka Globish może zająć ok. 6 miesięcy, jeśli poświęcą na nią jedną godzinę dziennie, włączając ćwiczenie pisania i mówienia. W 6 miesięcy, z więcej niż 120 dniami nauki, mogą uczyć się zaledwie 10 słów na dzień. Nie powinno to być zbyt

There may not be a class in Globish near you. However, if you know the limitations given in this book, you can direct a local English teacher to give you only those Globish words and only those Globish sentence structures. *You are the customer*, and you can find English teachers who will do what you ask them to. They do not have to be native-English speakers for you to learn.

Another good thing about this method is that you can start Globish where your last English stopped. If you start Globish knowing 1000 of the most-used English words, then it may take you only 3 *months* to master Globish. That is one of the best things about learning Globish. You know how much to do because you know where it will end.

There are Globish learning materials available. This book – in Globish – has the 1500 words and some other things

trudne.

Być może w pobliżu nie ma żadnych zajęć prowadzonych w Globish. Jeśli jednak znasz ograniczenia podane w tej książce, możesz pokierować lokalnego nauczyciela języka angielskiego tak, aby podawał ci tylko wyrazy i konstrukcje gramatyczne z zakresu Globish. *To ty jesteś klientem* i możesz znaleźć nauczycieli, którzy zgodzą się to zrobić dla ciebie. Nie muszą oni być native speakerami.

Kolejną zaletą tej metody jest to, że możesz rozpocząć naukę Globish od momentu gdzie ostatnio zakończyłeś naukę angielskiego. Jeśli zaczynasz znając 1000 najczęściej używanych angielskich słów to opanowanie Globish może zająć ci tylko 3 *miesiące*. Jest to jedna z najlepszych stron nauki Globish. Wiesz ile trzeba zrobić, bo koniec jest wyraźnie sprecyzowany.

Są już dostępne materiały do nauki Globish. Niniejsza książka – napisana w Globish – zawiera 1500 słów i kilka

you need to know. There are a number of materials on Globish already written in local languages or in Globish. There are also computer-based courses, and even a Globish course on a cell phone, the most widely available tool in the world. A lot of written and audio Globish can now be in your pocket or bag.

We should say a few words about pronunciation here. A good teacher can explain how to make clear English sounds. Most teachers will also have audio for you to practice with those sounds. There is a lot of recorded material for learners to practice with. A lot of it is free on the radio, or the World Wide Web. And all of this audio is usually available with the most perfect English accent you can dream of. It can be the Queen's accent. It can be President Obama's accent. It can be whatever you want. Learners should hear different kinds of accents.

innych rzeczy, które mogą się przydać. Istnieją też materiały napisane w lokalnych językach i Globish. Są także kursy komputerowe, a nawet kurs Globish na telefon komórkowy – najbardziej rozpowszechnione urządzenie na świecie. Sporo materiałów dotyczących Globish w formie pisemnej oraz audio możesz już dziś mieć w kieszeni czy torebce.

Warto wspomnieć trochę o wymowie. Dobry nauczyciel potrafi wyjaśnić jak prawidłowo wymawiać dźwięki w języku angielskim. Większość z nich posiada też nagrania audio ułatwiające ich praktykę. Jest mnóstwo nagrań umożliwiających ćwiczenie przez samych uczniów. Sporo z nich jest udostępnianych bezpłatnie w radio czy w Internecie. I zwykle są to nagrania z idealnym angielskim akcentem o jakim możesz pomarzyć. Może to być akcent charakterystczny dla Królowej czy Prezydenta Obamy. Może to być dowolnie wybrany

You have read here already that a perfect pronunciation is not needed, but only an understandable one, and that is plenty. You must believe this. After all, what is a *perfect accent?* London? Glasgow? Melbourne? Dallas? Toronto? Hollywood? Hong Kong? They *all* think they are perfect! Still, it is widely accepted that only native English speakers can really teach English, and that the teachers with another background should feel like second-class citizens. But this world is changing...quickly.

Before this century, any native English speaker in any non-English-speaking city could sound like he or she knew

przez ciebie akcent. Uczący się angielskiego powinni mieć możliwość obcowania z różnymi akcentami.

Czytając tą książkę dowiedziałeś się już, że nie idealna wymowa, tylko taka, która pomoże ci być zrozumianym, jest potrzebna. I to wystarczy. Musisz w to uwierzyć. Przecież który *akcent jest idealny?* Ten charakterystyczny dla Londynu? A może dla Glasgow? Melbourne? Dallas? Toronto? Hollywood? Albo Hong Kongu? *Wszystkie* uważane są za perfekcyjne! W dalszym ciągu jednak powszechnie uważa się, że tylko native speakerzy potrafią naprawdę nauczyć języka angielskiego, i że nauczyciele o jakimkolwiek innym pochodzeniu powinni uważać się za drugorzędnych obywateli. Ale obecny świat się zmienia... i to szybko.

W ubiegłym stuleciu, każdy native speaker w jakimkolwiek mieście nieanglojęzycznym brzmiał

much more about English, just by pronouncing English quickly and correctly. Non-native English teachers were sometimes worried that they were not well-qualified. They worried that people would discover their English was not perfect. There is good news now. Those days are gone. The old ideas might have been correct about English teaching in the year 1900, but not now. This is a new century. And Globish is the new language in town.

If you are such a teacher of English, things will change for you… all to the better.

If you are such a teacher: welcome to a world that really wants what you can do.

jak gdyby wiedział dużo więcej w zakresie języka angielskiego tylko dlatego, że wymawiał angielskie słowa szybko i poprawnie. Nauczyciele nie będący native speakerami czasami przejmowali się, że są niewykwalifikowani. Martwili się, że ludzie zauważą, że ich angielski nie jest idealny. Jest jednak dobra wiadomość. Te czasy minęły. Stare pomysły mogły być idealne jeśli chodziło o nauczanie języka angielskiego w XX wieku, ale nie dziś. Mamy nowe stulecie. A Globish jest nowym językiem.

Jeśli jesteś właśnie takim nauczycielem angielskiego, to sprawy ulegną zmianie… na lepsze.

I jeśli jesteś takim nauczycielem: witaj w świecie, który naprawdę chce tego, czego możesz dokonać.

Chapter 9
A Tool and... A Mindset

Globish can achieve what it does because it is useful English *without* a huge number of words and cultural idioms. If Globish speakers can use just this middle level of English, they will be respected everywhere in the world. But the most important difference between English and Globish is how we think when we use Globish.

Who is responsible for effective communication? Is it the speaker and writer, or the listener and reader? The listener and reader cannot make communication good if the speaker or writer does not help. Who is guilty if the message does not get across? Who should do everything possible to make sure he or she is

Rozdział 9
Narzędzie i ... sposób myślenia

Globish może osiągnąć naprawdę wiele, ponieważ jest przydatnym językiem angielskim *bez* dużej liczby słów i idiomów. Jeśli osoby używające Globish będą posługiwały się angielskim na średnim poziomie, będą doceniani wszędzie na świecie. Jednak najistotniejszą różnicą między językiem angielskim i Globish jest to w jaki sposób myślimy, kiedy posługujemy się Globish.

Kto jest odpowiedzialny za efektywną komunikację? Mówca lub pisarz, czy raczej słuchacz i czytelnik? Ci dwaj ostatni nie mają wpływu na to, że komunikacja będzie korzystna jeśli mówca lub pisarz w tym nie pomogą. Kto jest winny jeśli wiadomość nie dotrze? Kto powinien zrobić wszystko na co go stać, żeby mieć pewność, że został

understood?

In English, the usual native speaker would answer: "Not me. I was born with English as a mother tongue, and I started listening to it – and learning it – in my mother's arms. If you do not understand me, it is your problem. My English is perfect. When yours gets better, you will not have the same difficulty. If you lack the drive to learn it, this is your problem, and not mine. English is the most important language. I am not responsible for that, but there is nothing I can do to make it different."

Globish is the complete opposite: the person who wants to talk must come at least half the distance to the person he talks to. He or she must decide what is necessary to make the communication happen. The native English speaker or the excellent

zrozumiany?

Zwykły native speaker języka angielskiego powiedziałby· „Nie ja. Urodziłem się w kraju anglojęzycznym i zacząłem się mu przysłuchiwać – i uczyć się go – w matczynych ramionach. Jeśli mnie nie rozumiesz, to już twój problem. Mój angielski jest idealny. Kiedy twój się polepszy, też nie będziesz miał problemów. Jeśli nie masz zapału do nauki języka, to nie mój problem tylko twój. Angielski jest najważniejszym językiem. Ja nie jestem za to odpowiedzialny i nic nie mogę zrobić by to zmienić".

Globish jest zupełnym przeciwieństwem: ktoś kto chce rozmawiać musi chociaż częściowo się wysilić. Musi zdecydować co jest niezbędne, by umożliwić komunikację. Native speaker lub osoba doskonale władająca językiem angielskim jako drugim

speaker of English as a second language must say: "Today I must speak at the Globish level so this other person can understand me. If my listeners do not understand me, it is because I am not using the Globish tool very well. This is my responsibility, not theirs." Of course, not everyone accepts the idea of Globish yet. Perhaps they never heard about it. Perhaps they could never find the time to learn about it. Or perhaps they did not think they needed it.

Even if there are just two people, if this communication is important, Globish will help. This means you – the speaker – will take responsibility, using simple Globish words in a simple way, and using Globish "best practices" including body language and charts or pictures we can see. Most of all, when

językiem powie: „Dziś musze używać poziomu Globish tak, by ta druga osoba mnie zrozumiała. Jeśli moi słuchacze mnie nie zrozumieją, to dlatego, że nie posługuję się wystarczająco dobrze narzędziem jakim jest Globish. Ja jestem za to odpowiedzialny, nie oni". Oczywiście jak narazie nie każdy akceptuje ideę Globish. Być może nigdy o nim nie słyszeli. I możliwe, że nigdy nie znajdą czasu by się go nauczyć albo nigdy nie pomyslą o tym, że go potrzebują.

Nawet jeśli w rozmowie uczestniczy tylko dwoje ludzi, a jest ona ważna, Globish może okazać się pomocny. To oznacza, że ty – jako mówca – bierzesz na siebie odpowiedzialność używając prostych słów Globish w prosty sposób i używając „najlepszych praktyk" włączając język ciała, wykresy i obrazki, które można zobaczyć.

using Globish, the speaker should to wait for the listeners, to check they understand.

If there is a group of people, maybe only one does not speak Globish. The speaker can think: "This person is the only one in the group who can not understand or communicate in Globish. That is too bad. I will ask one of the others to help that one by explaining what was said in this discussion."

So sometimes we decide it is better to communicate with those who understand, and let them tell any others. This means it is good to stop now and then, so the other persons can learn what was said. The English speakers will understand anyway, and the below-Globish level will not at all, but you must work with the

Przede wszystkim jednak, używając Globish, mówca powienien czekać za słuchaczami i sprawdzać czy został zrozumiany.

W danej grupie ludzi, być może jest tylko jedna osoba, która nie posługuje się Globish. Taki mówca może sobie pomyśleć: „To jest jedyna osoba w tej grupie, która może nie zrozumieć Globish lub nie potrafi się nim posługiwać. Szkoda. Poproszę jedną osobę z pozostałych, żeby pomogła jej, wyjaśniając o czym jest mowa w dyskusji".

Dlatego czasem stwierdzamy, że lepiej jest komunikować się z tymi, którzy nas rozumieją i pozwolić im przekazać daną sprawę innym. Oznacza to, że dobrze jest od czasu do czasu zatrzymać się tak, aby ktoś mógł zrozumieć o czym jest mowa. Rodowici użytkownicy języka angielskiego zawsze zrozumieją, a osoby poniżej pewnego poziomu Globish

identified Globish group until you succeed. If you do not communicate with those, the failure will be yours.

On the other hand, there will be times when you are with native English speakers who do not know about the Globish guidelines, never heard of them, or just don't want to hear about it. But it is up to you to bring the discussion to the correct level. This is in your best interest, but it is also your duty, because many of the members of this group may already be lost in this discussion.

You must now be their Globish leader. They will be more than thankful to you for bringing the matter into the open without fear. It is easy. Many English speakers forget about others or just do not think about them. You just have to raise a

nie. Natomiast z grupą na poziomie Globish musisz pracować tak długo, aż osiągniesz sukces. Jeśli nie porozumiesz się z nimi, to będzie twoja porażka.

Z drugiej strony, zdarzy się też tak, że będziesz wśród native speakerów, którzy nie znają wytycznych Globish, nigdy o nim nie słyszeli, bądź nie chcą o nim słyszeć. Ale to zależy od ciebie czy wprowadzisz dyskusję na odpowiedni poziom. To leży w twoim najlepszym interesie, ale jest to też twoim obowiązkiem, ponieważ wielu członków tej grupy może zgubić się w dyskusji.

Musisz wtedy być ich liderem w Globish. Będą ci bardzo wdzięczni jeśli wyjaśnisz sprawę otwarcie bez obaw. To jest naprawdę łatwe. Wielu mówców zapomina o innych albo czasem po prostu o nich nie myśli. Wystarczy, że podniesiesz rękę, poczekasz

hand, wave it until you are noticed, and say: "Excuse me, I am sorry but some of us do not understand what you are saying. We need to understand you. Could you please repeat, in Globish please, this time?"

To be sure, you will have a reaction, and your native-speaker friend might understand the point for the rest of his or her life. You will have done a great service. But the first reaction is most likely going to be a surprise: "Globish, what's that?" It will give you a fine opportunity to explain the story you now understand, and give its reasons. At best you will have an interested native speaker, who wants to know more, will understand your explanation, and will become a much better global communicator, and a Globish friend. That

aż zostaniesz zauważony i powiesz: „Przepraszam, ale niektórzy z nas nie rozumieją o czym Pan mówi. Musimy Pana zrozumieć. Czy mógłby Pan powtórzyć, tym razem w Globish?"

Niewątpliwie native speaker w jakiś sposób zareaguje i być może zapamięta tą sugestię do końca życia. Wyświadczysz mu przysługę. Jednak pierwsza reakcja może być zaskakująca: „A co to takiego Globish?" Stworzy to wyśmienitą okazję do wyjaśnienia tego i podania powodów. W najlepszym przypadku będziesz miał zainteresowanego native speakera, który będzie chciał dowiedzieć się czegoś więcej i zrozumie twoje wyjaśnienia oraz stanie się dużo lepszym globalnym komunikatorem, i przyjacielem Globish. Taka osoba przekona się, że Globish bardzo często jest lepszy niż język angielski, bo

person will see that Globish is often better than English because it is much more sympathetic.

As we said, pronunciations are "acceptable" as soon as they are understood. A foreign accent is never a mistake; it is part of a person's special quality. It makes you different, and can even make you sound sexy. People who have reasonable Globish pronunciation can now stop trying to make it "better" – or to get closer to some native English speaker's – if they are understood.

We said Globish is still correct English. This means you are expected to write and speak in correct English. The grammar should be reasonable –about subjects and actions, time and place. Globish does not worry about very

jest przyjemniejszy.

Tak jak już mówiliśmy, wymowa jest „wystarczająca" jeśli jest zrozumiała. Obcy akcent nigdy nie jest błędem; jest to część specjalnej cechy danej osoby. Świadczy o odmienności danej osoby i może nawet sprawić, że będziesz brzmiał bardziej seksownie. Ludzie, którzy mają rozsądną wymowę w Globish, mogą przestać starać się ją „ulepszać" – lub starać się zbliżyć pod tym względem do native speakerów – jeśli są rozumiani.

Tak jak powiedzieliśmy, Globish jest poprawnym angielskim. Oznacza to posługiwanie się poprawną angielszczyzną w mowie i piśmie. Gramatyka powinna być na wystarczającym poziomie – dotyczyć podmiotów i czasowników, czasu

small differences in American and British speech or spelling or grammar. (And neither should anyone else.)

Globish is much more forgiving because it is asking for understanding, not perfect English. But there is an extra benefit in Globish to all native and non-native speakers: simplicity. It is what older politicians tell younger politicians about their first speeches. It is what older advertising people tell the bright younger ones about making a successful advertisement. It is what news editors tell their young writers about making a good news story. And it is what every English speaking professor should tell every non-native English student about writing

i miejsca. Globish nie skupia się na drobnych różnicach w Amerykańskim i Brytyjskim angielskim pod względem mowy i pisowni czy gramatyki. (Podobnie my nie powinniśmy się tym martwić).

Globish wiąże się z wybaczaniem. Jest to prośba o zrozumienie, a nie perfekcyjną angielszczyznę. Ale Globish ma jeszcze jedną zaletę zarówno dla native jak i nie-native speakerów: prostotę. Właśnie o tym starsi politycy mówią, gdy rozmawiają z młodszymi o swoich pierwszych przemówieniach. Podobnie starsi specjaliści od reklamy mówią bystrym, młodszym osobom o tym jak stworzyć świetną reklamę. Tak samo redaktorzy informują mniej doświadczonych pisarzy o tym jak napisać dobry artykuł. I właśnie to powinni przekazać anglojęzyczni profesorowie studentom języka angielskiego w kwestii pisania

and speaking.

On one side of the ocean, Winston Churchill said: "Never use a pound (£)word when a penny (1d) one will do".... And a similar saying known to Americans:

K. I. S. S. =   Keep It Simple, Stupid.

Po jednej stronie oceanu, Winston Churchill powiedział: „Nigdy nie używaj słowa funt jeśli wystarczy słowo cent"... I podobne, znane Amerykanom powiedzenie:

K.I.S.S. (z ang.) = Nie komplikuj, głupcze.

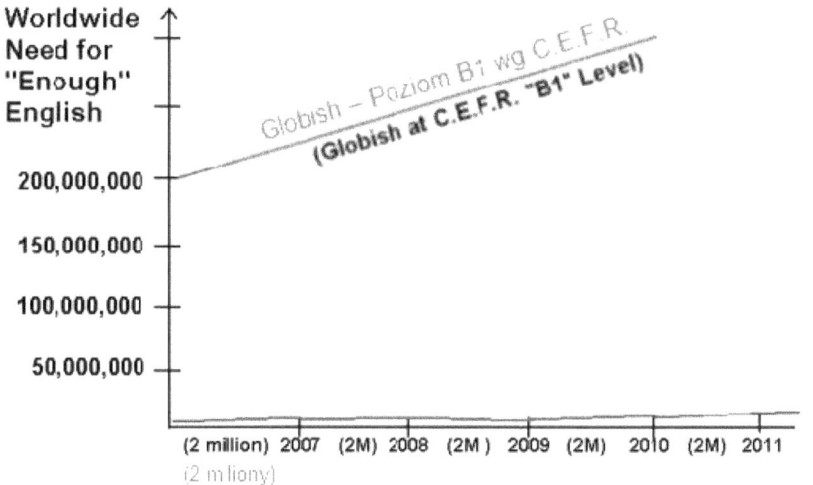

Ogólnoświatowy Popyt na „Wystarczającą" Ilość Języka Angielskieac

Worldwide Need for "Enough" English

Globish – Poziom B1 wg C.E.F.R.
(Globish at C.E.F.R. "B1" Level)

200,000,000

150,000,000

100,000,000

50,000,000

(2 million) 2007   (2M) 2008   (2M) 2009   (2M) 2010   (2M) 2011
(2 miliony)

Current TOEFL Completions

Ilość osób z zaliczonym testem TOEFL

103

Chapter 10
Globish in Many Places

Globish has no desire to be a cultural language like French, or Chinese…or English. People who will use Globish already have their own respected culture and their own language. They will use Globish only as a tool, but it will be the chosen tool of a huge majority of people around the world. When they see ahead to this future many non-native English speakers will decide this is still English. And it is really a form of English, a clear form of that language. They may fear that English is winning over everything they love. They may see this as a threat to their own mother tongue and their culture. So they might decide that they have to fight for the survival of their French, Japanese, Russian or Tagalog – their home and beloved language. Each of them is a respected

Rozdział 10
Globish w wielu miejscach

Globish nie pragnie być językiem kultury jak na przykład francuski, chiński… czy angielski. Ludzie, którzy będą używali Globish mają już swoją cenioną kulturę i własny język. Będą posługiwać się Globish jedynie jako narzędziem, ale będzie to wybrane narzędzie większości ludzi z całego świata. Kiedy spojrzą w przyszłość dojdą do wniosku, że to nadal jest język angielski. I rzeczywiście jest to czysta forma języka angielskiego. Mogą obawiać się, że angielski zagarnie wszystko co kochają. Mogą uznać go za zagrożenie dla ich własnego języka ojczystego i kultury. Mogą więc zdecydować, że będą walczyć o przetrwanie ich francuskiego, japońskiego, rosyjskiego czy tagalskiego – ukochanego języka używanego w domu. Każdy

cultural language for many people.

This threat could be true IF we were advising you to learn English. That would be helping English compete with other cultural languages. A few cultures have already taken extreme steps because they fear that the English culture will replace their own. They feel it brings poor values and takes away the strength of their own culture.

However, advising you to learn Globish does the opposite. Globish cannot have any cultural goals, so it does not threaten anyone's language or anyone's culture. It replaces the English competition. Using only Globish could keep all these wonderful cultures *safer* from the English cultural invasion.

Globish can also protect the English language from being

z tych języków jest szanowanym językiem kultury wielu ludzi.

Ta groźba byłaby prawdziwa gdybyśmy zachęcali cię do nauki języka angielskiego. Pomagałoby to w rywalizacji angielskiego z innymi językami kultury. Kilka kultur podjęło już drastyczne kroki, bo obawiają się, że kultura angielska zastąpi ich własną. Myślą, że niewiele wnosi, a zabiera całą siłę ich własnej kultury.

Jednak zachęcanie cię do nauki Globish jest zupełnym przeciwieństwem. Globish nie może mieć żadnych celów w zakresie kultury, a więc nie zagraża to żadnemu językowi i żadnej kulturze. Zastępuje też rywalizację języka angielskiego. Posługiwanie się tylko Globish może sprawić, że te wszystkie wspaniałe kultury będą bardziej zabezpieczone przed kulturalną inwazją języka angielskiego.

Globish może także zabezpieczyć język angielski

"broken" by other cultures. English is a very special case today. In fact, the non-native English speakers who use English are far more numerous than native English speakers. So the non-native speakers will decide and lead in the future of the English language. They will create and present new words, and will throw away the old words. This will happen unless the Globish idea becomes an accepted tool. If this happens, it will give the English language a chance to survive as a cultural language.

Globish offers the English-speaking countries a chance to say: We have a wonderful language, linked to a wonderful culture, and we would like to save all of that. However, we accept that international communication today is mostly using our language. But we can divide the language in two parts.

przed „łamaniem" go przez inne kultury. Język angielski jest dziś wyjątkowym przypadkiem.

W rzeczywistości nie-native speakerzy, którzy posługują się angielskim są liczniejsi, niż native speakerzy tego języka. A zatem nie-native speakerzy będą decydować i przewodzić w przyszłości języka angielskiego. Stworzą i zaprezentują nowe słownictwo, i pozbędą się starego. Stanie się to, jeśli idea Globish nie zostanie zaakceptowana jako narzędzie. A jeśli jednak zostanie przyjęta, da to szansę na to, by język angielski przetrwał jako język kultury.

Dzięki Globish kraje anglojęzyczne mogą stwierdzić: Mamy wspaniały język, który wiąże się ze wspaniałą kulturą i chcielibyśmy to wszystko zachować. Jednak akceptujemy fakt, że dzisiejsza międzynarodowa komunikacja odbywa się dzięki naszemu językowi.

One form will be for English culture that is ours, and one form will be for global communication, trade, and traveling (and this is Globish, with exact rules.) We will attempt to use this second form - Globish - whenever we are in those other worlds which are not part of the English culture (s). And we are the lucky ones...Learning Globish for us will be much easier than learning a new language for each place.

Możemy podzielić nasz język na dwie części. Jedna forma będzie stanowić naszą własną angielską kulturę, a druga będzie przeznaczona do globalnej komunikacji, handlu i podróżowania (i to jest Globish, z konkretnymi regułami). Będziemy starać się używać tej drugiej formy – Globish – kiedykolwiek znajdziemy się w tych krajach, które nie są częścią naszej kultury. Wszyscy jesteśmy szczęściarzami... Dla nas nauka Globish będzie dużo prostsza, niż nauka nowego języka w każdym nowym miejscu.

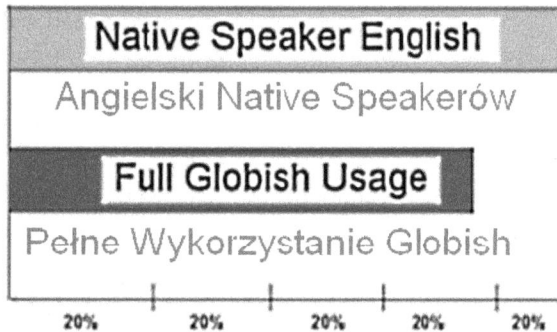

| Native Speaker English |
| Angielski Native Speakerów |
| Full Globish Usage |
| Pełne Wykorzystanie Globish |

20%   20%   20%   20%   20%

(Relative Daily English Needs)

Względne codzienne wymagania Globish

If you are delivering a speech in front of a large international audience, you have to deal with many different levels of English. You might think they are like one person, but each individual has different abilities.

On top of that, someone will be recording you, and your performance will be available in many ways, including on the TV and on the Internet and on DVDs. You need to be understood quickly by the largest possible number. You might think that excellent speakers of two languages are the answer. Interpreters give second-by-second changes to the audience in their languages. But even that method is much better with Globish than with English. The Globish limitations and especially its simpler sentences, shorter and lighter, all ensure better correctness when the speech is changed to another

Jeśli przemawiasz przed wielką, międzynarodową publicznością, masz do czynienia z wieloma różnymi poziomami języka angielskiego. Możesz postrzegać ich jako jedną osobę, jednak każdy z osobna ma inne umiejętności. Poza tym, ktoś mógłby cię nagrać i twoje wystąpienie mogłoby być dostępne w różnych mediach, włączając TV, Internet i DVD. Musisz być zrozumiany szybko przez dużą liczbę ludzi. Być może stwierdzisz, że wytrworni, dwujęzyczni mówcy są rozwiązaniem. Tłumacze z sekundy na sekundę tłumaczą treść na języki jakimi posługują się słuchacze. Ale nawet ta metoda jest o wiele bardziej skuteczna z Globish, niż z językiem angielskim. Ograniczenia w Globish i przede wszystkim łatwiejsze, krótsze i lżejsze zdania zapewniają lepszą poprawność podczas tłumaczenia takiej przemowy.

language.

Ask any interpreter: Their worst experience is the long, involved sentences where they get lost. This person needs to listen to all of the words to get the meaning, and if the talk is too long, he or she has lost the beginning when the end finally comes. But those kinds of statements-within-statements are mistakes in Globish.

The other horrible experience of the interpreters is seeing words used differently in a field or subject that they don't know. In English there is the word "program", and it means very different things on the TV and on the computer. The interpreter who does not know the field completely will make too many mistakes. On the other hand, if you are talking in Globish, many people in the audience will choose to listen directly to you. The simplest solution

Zapytaj jakiegokolwiek tłumacza: Ich najgorszym doświadczeniem są długie, zakręcone zdania, w których można się pogubić. Taka osoba musi wsłuchać się we wszystkie słowa, aby zrozumieć sens. Jeśli przemowa jest zbyt długa, przy końcu wypowiedzi nie pamięta się już jej początku. Jednak takie zdania złożone są błędne w Globish.

Kolejnym strasznym doświadczeniem tłumaczy jest zrozumienie słów różnie stosowanych w dziedzinie lub temacie, którego oni nie znają. W języku angielskim wyraz „program" odnosi się do wielu różnych rzeczy w telewizji i na komputerze. Tłumacz, który nie jest fachowcem w danej dziedzinie może popełnić zbyt wiele błędów. Z drugiej strony, jeśli posługuje się Globish, wiele osób zdecyduje się słuchać bezpośrednio jego. Najprostszym rozwiązaniem jest więc posługiwanie się Globish. Możesz wtedy

is to say things in Globish. You can then use special "technical words" – along with pictures to support them – in a way that people in the industry will quickly understand.

It is very difficult to use Globish guidelines while you are creating your words right there in front of people. But once you are familiar with the idea, practice makes it easier within a short time. The safest way, however, is to give a speech from a written text, and go over that text with Globish software. It will improve the "hit rate" of the speech (a technical term for the percent of people who listen and do understand). Usually it is at least three times better, and ten times with some listeners who are *not* native English speakers.

A good example is the

używać specjalnych „technicznych słów" – wraz z odpowiednimi ilustracjami – w taki sposób, by ludzie z danej branży mogli je szybko zrozumieć.

Niełatwo jest stosować się do wytycznych Globish, kiedy tworzy się wypowiedź „na gorąco". Ale jak zaznajomisz się z ideą Globish to w praktyce pójdzie ci łatwiej i zajmie mniej czasu. Najbezpieczniejszym sposobem jest jednak przemawianie na podstawie napisanego tekstu i sprawdzenie go za pomocą oprogramowania Globish. Ulepszy to „procent trafień" danej wypowiedzi (jest to techniczne określenie na procent ludzi, którzy słuchają i rozumieją). Zazwyczaj jest on trzykrotnie lepszy w wypadku native speakerów, a dziesięciokrotnie lepszy przy słuchaczach, którzy *nie* są native speakerami języka angielskiego.

Dobrym przykładem jest

excellent video tape to the Iranian people by President Obama in 2009. It was in Globish-like language and it could be understood by much of the world without translation. They also listened to Obama's same words in Jerusalem and Ramallah, in Istanbul and in Seoul. In too many other cases, however, major international speeches are made at a level of English that is too difficult for non-native speakers. Of course those international speakers think they did their job. They are wrong. Their job was to be understood by all their listeners.

If you are a native English speaker, you could argue that things are very different when you write. You know who you are writing to, and you know that his or her English is very good. Perhaps you write to that person with difficult words to show your ability with the

doskonałe nagranie Prezydenta Obamy dla Irańczyków z roku 2009. Słychać tam język podobny do Globish, który został zrozumiany przez większość świata bez konieczności tłumaczenia go. Tego nagrania wysłuchano także w Jeruzalem, Ramallahu, Stanbule i Seulu. W wielu innych przypadkach główne międzynarodowe przemówienia są przedstawiane na zbyt wysokim poziomie dla nie-native speakerów. Oczywiście ci międzynarodowi mówcy myślą, że osiągnęli cel. Ale są w błędzie. Mieli być zrozumiali przez wszystkich swoich słuchaczy.

Jeśli jesteś native speakerem, możesz twierdzić, że zupełnie inaczej wygląda tekst pisany. Wiesz do kogo piszesz i na jakim poziomie jest jego język angielski. Być może używasz trudnych słów, by wykazać swoje umiejętności językowe. Ale może to być kolejny istotny błąd. Bardzo często dobre pomysły są

language. But this could be another huge mistake. Very often good ideas are passed on as is to others. You should know that whatever you write today is not written just for the person you send it to. It is always written for the whole wide world. And for this reason, it should be in Globish. If it is forwarded through the Internet it can go around the world 4000 times before you finish your next call. The problem is, if they don't understand it, they will still try to pick up a few words and tell that to their friends. And then what you didn't say well they will say even more poorly in 5000 other languages. The good news is that now you can talk to the whole world at the speed of light. But the really bad news is that no one will ever tell you they don't understand. They would be ashamed to show their limitations, so they will all say back to you: "Oh yes, it was very

przekazywane w niezmienionej formie. Powinieneś wiedzieć, że cokolwiek dziś piszesz, nie robisz tego tylko dla osoby, której to wyślesz. Zawsze piszesz dla całego świata. I z tego powodu powinno to być w Globish. Jeśli jest to przesyłane przez Internet może obiec cały świat jakieś 4000 razy zanim skończysz swoją następną rozmowę telefoniczną. Problem pojawia się gdy nie zostaniesz zrozumiany, a twój odbiorca będzie starał się wybrać kilka słów, by powiedzieć to kolegom. I wtedy to czego nie przekazałeś dobrze oni przekażą jeszcze gorzej w 5000 innych językach. Dobrą wiadomością jest to, że dziś możesz komunikować się ze światem z prędkością światła. A złą - że inni nigdy nie powiedzą ci, że cię nie zrozumieli. Czuliby się zawstydzeni swoimi ograniczeniami, więc odpowiedzieliby: „O tak, to było bardzo interesujące".

interesting."

You could be working for a global company, with shares owned by people from 123 different countries. They speak almost as many languages. Look closely at your yearly report, and at all the papers sent to shareholders. It is probably written in wonderful English which non-native English speakers from the 117 non-English speaking countries can almost understand. Or is it written in Globish, using exactly the same numbers and saying exactly the same things, but understandable by many more of those shareholders?

If you work in a government agency in an English speaking country, look at the papers and forms for the citizens. Many people –who are new to the country and to your language – will have to fill in those forms. They should reach the Globish level

Przypuśćmy, że pracujesz dla ogólnoświatowej firmy, której akcje posiadają ludzie ze 123 różnych krajów. Mówią oni prawie tyloma samymi językami. Przypatrz się swoim rocznym sprawozdaniom i dokumentom wysłanym do akcjonariuszy.
Prawdopodobnie napisane są wspaniałą angielszczyzną, którą nie-native speakerzy ze 117 krajów nieanglojęzycznych ledwie rozumieją. A może są napisane w Globish z użyciem dokładnie tych samych liczb i dotyczą dokładnie tego samego, ale jest zrozumiałe dla większej liczby akcjonariuszy?

Jeśli pracujesz w agencji rządowej w kraju anglojęzycznym, przypatrz się dokumentom i formularzom dla obywateli. Wielu ludzi – dla których zarówno ten kraj, jak i język są nowością – będzie musiało wypełnić te formularze. Powinni w miarę szybko osiągnąć poziom

114

soon, and that may be fairly easy. But then, they should get papers written only in Globish, which are understandable *both* by these new ones *and* by all the English-speaking citizens. It would cost much less than printing every paper and form in many different languages. And new people could perform better and more quickly in the economy if they could read the language. Globish can fill this need, but that nation must make this standard, and demonstrate it in all its important papers.

There will always be a few of the new people who cannot yet operate in Globish, even to read simple writing. They may still need to see something in their languages. From normal English the usual solution would be many translators, one for each language. Their work might

Globish, co nie powinno być zbyt trudne. Ale wtedy powinni też mieć te dokumenty napisane tylko w Globish, i dzięki temu byłyby one zrozumiane zarówno przez tych nowych, jak i przez anglojezycznych obywateli. Kosztowałoby to mniej niż drukowanie każdego dokumentu i formularza w wielu różnych językach. A nowi szybciej i lepiej radziliby sobie w gospodarce, jeśli potrafiliby czytać w danym języku. Globish może zaspokoić tę potrzebę, jednak to dany naród musi ustanowić taki standard i zastosować to w najistotniejszych dokumentach.

Zawsze jednak znajdą się tacy ludzie, którzy nie będą w stanie posługiwać się Globish, ani przeczytać prostego tekstu. Będą nadal potrzebowali czegoś w swoim języku. W tłumaczeniu ze standardowego angielskiego zwyczajowym rozwiązaniem jest tłumaczenie na poszczególne języki. Praca

be excellent, but it would take a lot of time and a lot of money.

You could also decide to have computer translations to these languages from English. But you must make sure that it works; here is how to do that. Have the computer translate part of your English version into – say – Poldevian. When you have a result, do not show it immediately to the Poldevians. Instead, order the computer to change the Poldevian document back to English. If you think you can understand it – and accept it – then the process is good. In most cases you will be surprised in a bad way. You will decide that computers cannot change languages very well yet. However, Globish has a much better chance of giving good results in computer translation. It has simpler sentence structures, and uses the most common English words. Many times, the computer translation

takich tłumaczy mogłaby być znakomita, ale kosztowałaby mnóstwo czasu i pieniędzy.

Można by też użyć komputerowych translatorów, aby przetłumaczyć taki tekst na inne języki. Ale musisz mieć pewność, że to działa; oto jak to zrobić. Spóbuj przetłumaczyć część swojej angielskiej wersji na – powiedzmy – język Poldeviański. Jak będziesz miał już wynik, nie pokazuj tego od razu Poldevianom. Zamiast tego, spróbuj przetłumaczyć ten tekst z powrotem na angielski. Jeśli wydaje ci się, że możesz go zrozumieć – i zaakceptować – wtedy taki proces jest w porządku. W większości przypadków będziesz jednak niemile zaskoczony. Stwierdzisz, że komputery nie potrafią tłumaczyć zbyt dobrze. Jednak Globish ma dużo lepsze wyniki w takiej komputerowej translacji. Ma prostsze struktury zdaniowe i posługuje się najczęściej używanymi angielskimi słowami. Wiele razy takie

from Globish to Poldevian will give better results, but not perfect results. This is true of most of Globish, where the goal is to create understanding without 100% perfection.

We must remember, however, that Globish is not a holy language. It is an idea, a guidance. The better you keep to it, the more people will understand you. Perhaps it is like a diet. The closer you stay to it, the more weight you lose. But no diet is going to fail if – just a few times – you have a glass of wine, or a beer. Off-limits words in Globish are not wrong; it is just not wise to bring in difficult words too often. You can use a rare word because no other one will do, and many readers will run to their word books. Or you can use two Globish words that are widely understood by your readers or listeners... and mean the same thing. It is up to you. But the more you stay with the guidance, the

komputerowe tłumaczenie z Globish na Poldeviański przyniesie lepsze rezultaty, jednak nie idealne. Prawdą jest, że celem Globish jest zrozumienie bez 100% perfekcji.

Należy pamiętać, że Globish nie jest świętym językiem. Jest to pomysł, wskazówka. Im lepiej się go trzymasz, tym lepiej ludzie cię zrozumieją. Można go przyrównać do diety. Im ściślej się jej trzymasz, tym więcej schudniesz. Ale żadna dieta nie zawiedzie jeśli – nawet kilka razy – sięgniesz po kieliszek wina lub piwo. Wyrazy zabronione w Globish nie są złe; mądrze jest jednak nie używać ich zbyt często. Możesz posłużyć się rzadko używanym wyrazem, bo żaden inny nie wyrazi tego, co masz na myśli, a wielu czytelników zaraz zajrzy do słowników. Albo możesz użyć dwa słowa Globish, które są ogólnie rozumiane przez czytelników i słuchaczy... i wyrazić tę samą myśl. To zależy od ciebie. Jednak im

better chance you have of everyone understanding you.

It is clear also that people who decide to use Globish will possibly master many more words than the list given here. This is clearly true for advanced English students, of course, but also for the other speakers. In many cases the non-native speakers will hear speech or see written material that uses more difficult words. In most cases, non-native speakers will learn these new words, and have them available in case they need to use them again later. This is a good result. We are not suggesting that people close their eyes and their ears to all new words. And there will often be native English speakers who reject the Globish idea completely. With this kind of people, more words will always help the non-native speakers to understand.

But these borders of this

bardziej trzymasz się wskazówek, tym lepszą masz szansę na bycie zrozumianym.

Oczywiste jest też to, że ludzie, którzy zdecydują się posługiwać Globish prawdopodobnie opanują więcej słów niż tutaj podano. Dotyczy to przede wszystkim zaawansowanych studentów języka angielskiego, ale też pozostałych. W wielu przypadkach nie-native speakerzy zetkną się z mówionym lub pisanym materiałem, w którym użyto trudniejszych słów. W wielu sytuacjach nie-native speakerzy nauczą się takich słów i będą mogli ich użyć w razie potrzeby. To jest dobry rezultat. Nie sugerujemy, żeby ludzie zamknęli oczy i uszy na nowe słowa. Zawsze zresztą znajdzie się taki native speaker, który zupełnie odrzuci ideę Globish. Znajomość większej ilości słów zawsze pomoże w zrozumieniu takich osób.

Jednak granice „wspólnej

118

Globish "middle ground" are not made to keep people in or out. If all speakers know they can come back and be welcomed into Globish, then communication has a chance.

płaszczyzny" Globish nie są określone, by trzymać ludzi wewnątrz albo poza nimi. Jeśli wszyscy rozmówcy wiedzą, że zawsze mogą ponownie wrócić do Globish, to wtedy komunikacja ma szansę.

Technical Words

Interpreter - a person who tells the meaning in one language to those who speak another language.

Translatio n - Changing of one language to another. Sometime human translators are called interpreters as well.

Part 2
Elements of
Globish

Część 2
Elementy
Globish

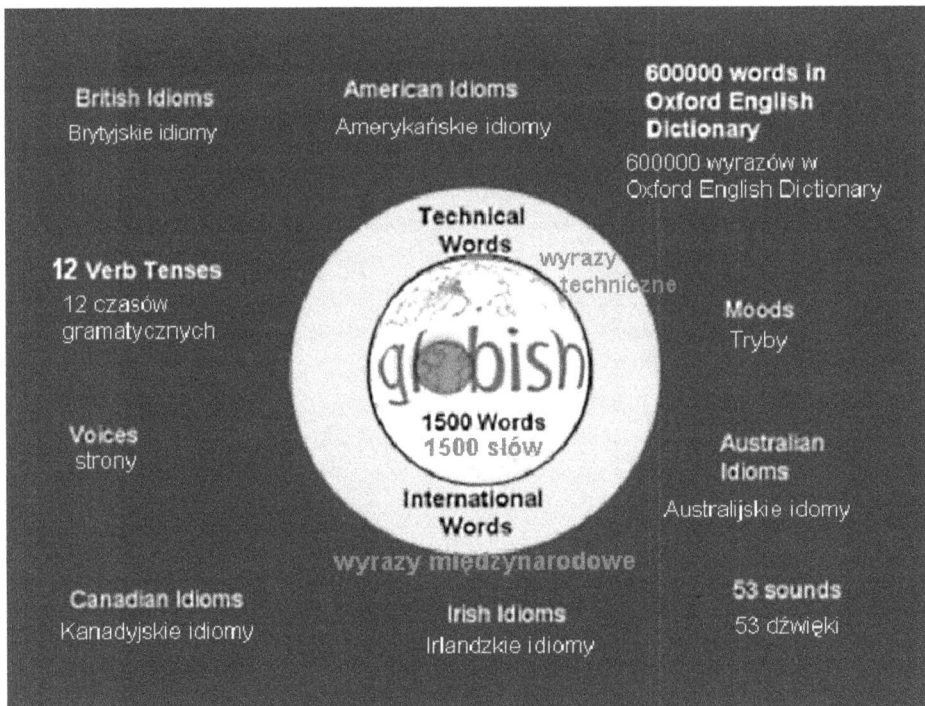

(1500 words, 6-10 verb-time formations, phrasal verbs, 8 parts of speech, plus Active, Passive, Conditional forms. Best: 15-word sentences, Maximum 26 word sentences)

(1500 słów, tworzenie 6-10 czasowników w odpowiednim czasie gramatycznym, czasowniki złożone, 8 części mowy, dodatkowo strona czynna, bierna, tryby warunkowe. Najlepiej: 15-wyrazowe zdania, maksymalnie 26 słów w zdaniu)

Chapter 11
How much is "enough"?

Globish is "enough" English. That is why a person can learn it more quickly than full English. There are many structures, rules, and ways of using English which make it difficult. Globish has limits so that it is easier to learn and start speaking. A person can know exactly *what* to learn. This is also very helpful in communication between people of varying English abilities. They can all know what to say and write.

But the question will always be asked: "What does "enough" mean? What is "enough?" "Not enough" means that you cannot communicate comfortably with anyone, in English or

Rozdział 11
Ile to „wystarczająco"?

Globish jest „wystarczającym" angielskim. To dlatego dana osoba może nauczyć się go szybciej, niż całego zakresu angielskiego. Jest wiele struktur, zasad i sposobów używania angielskiego, które go utrudniają. Globish ma ograniczenia, dzięki czemu łatwiej jest się go nauczyć i zacząć mówić. Dana osoba wie czego ma się nauczyć. Jest to też bardzo pomocne w rozmowie między ludźmi o różnych poziomach umiejętności języka angielskiego. Taka osoba wie też, co powiedzieć, bądź napisać.

Ale zachodzi pytanie: „Co oznacza słowo „wystarczający"? Ile to „wystarczająco"? „Niewystarczająco" oznacza, że nie możesz swobodnie porozumiewać się z nikim,

Globish. You may not know enough words or – more likely – you do not say words with the right stresses, or you may not know simple sentence forms and verb forms. So how much is "too much?" "Too much" makes many students learning English feel they will "never be good enough" in English.

The Council of Europe offers a *Common European Framework of Reference for Languages* (C.E.F.R.) that offers a situational test for users of all second languages. By their standard, the best user of Globish would be an Independent User (Their category called "B1") THIS IS GIVEN EXACTLY IN C.E.F.R.'s ENGLISH:

> *Can understand the main points of clear standard input on familiar matters regularly encountered in work, school,*

ani po angielsku ani w Globish. Możesz mieć niewystarczającą znajomość wyrazów lub – co jest bardziej prawdopodobne – możesz wymawiać wyrazy ze złym akcentem, możesz nie znać prostych form zdaniowych czy form czasowników. A więc ile to „zbyt dużo? „Zbyt dużo" sprawia, że osoby uczące się angielskiego czują jak gdyby „nigdy nie byly wystarczająco dobre".

Rada Europy prezentuje *Poziomy biegłości językowej* według *Europejskiego Systemu Opisu Kształcenia Językowego* (C.E.F.R.). W oparciu o ich standardy, najlepszy użytkownik Globish byłby Niezależnym Użytkownikiem (Ich kategoria określana jest jako „B1") DOKŁADNY OPIS TO:

> *Użytkownik języka na tym poziomie rozumie podstawowe punkty standardowych, przejrzystych wypowiedzi na znane*

leisure, etc. Can deal with most situations likely to arise whilst travelling in an area where the language is spoken.

Can produce simple connected text on topics, which are familiar, or of personal interest. Can describe experiences and events, dreams, hopes & ambitions and briefly give reasons and explanations for opinions and plans.

That is the test for "enough" for their B1 - Independent User. It would be enough for the Globish user too, if we added this:

"Uses all words needed to join in a given profession or activity; uses

tematy, typowo spotykane w pracy i szkole lub poza nimi. Radzi sobie z większością sytuacji, w jakich można się znaleźć podczas podróży do kraju, gdzie mówi się danym językiem.

Potrafi tworzyć proste, dość spójne teksty na znane lub bliskie mu tematy. Potrafi opisać doświadczenia, wydarzenia, marzenia, nadzieje, ambicje, a także krótko podać powody i wyjaśnienia posiadanych opinii i planów.

Taki Niezależny Użytkownik jest testem na „wystarczający" poziom B1. Dla użytkownika Globish wystarczające byłoby także gdybyśmy dodali, że:

Używa wszystkich niezbędnych słów związanych z daną profesją lub

International words appropriate in all travel or international business situations."

But many Globish users can operate at the higher Level B2 of that same C.E.F.R. Independent User standard:

"Can understand the main ideas of complex text on both concrete and abstract topics, including technical discussions in his/her field of specialisation. Can interact with a degree of fluency and spontaneity that makes regular interaction with native speakers quite possible without strain for either party. Can produce clear, detailed text on a wide range of subjects and explain a viewpoint on a topical issue giving the

działalnością; używa międzynarodowych słów odpowiednich w podróży lub międzynarodowych sytuacjach biznesowych.

Jednak wielu użytkowników Globish może opanować poziom B2 z C.E.F.R. Standardowy Niezależny Użytkownik:

...na tym poziomie rozumie główne punkty złożonych tekstów o tematyce konkretnej lub abstrakcyjnej, w tym także omówienia, dyskusje specjalistyczne w znanej sobie dziedzinie. Osiągana przezeń płynność i spontaniczność pozwala na normalną interakcję z native speakerami bez wysiłku dla żadnej ze stron. Potrafi tworzyć przejrzyste, szczegółowe teksty na wiele różnych

advantages and disadvantages of various options."

tematów, przedstawiać opinię w określonej sprawie oraz prezentować argumenty za i przeciw.

So there are people who have been thinking about this Globish "level" of language use. There are many, many more who have been using something quite close to Globish. Even with few written standards, some have called it Globish because they feel their level of usage is "Globish." They are using the word "Globish" to establish a level of comfort - a middle ground to communicate with others. Now we hope they can be even more certain because of the observations in this book.

At the risk of saying some important things once again, we will now unite some observations from the first part of the book. This will lay the groundwork for describing major language elements that are important

Jak widać, są ludzie, którzy pomyśleli o poziomie Globish w zakresie używania języka. Jest o wiele więcej osób, które używały czegoś zbliżonego do Globish. Nawet z kilkoma spisanymi standardami, niektórzy nazywali to Globish, bo czuli, że właśnie taki jest ich poziom językowy. Posługują się wyrażeniem „Globish", by ustalić komfortowy poziom – płaszczyznę porozumienia w kontaktach z innymi. Mamy nadzieję, że będą oni pewniejsi ze względu na spostrzeżenia niniejszej książki.

Ryzykując powtórzenie kilku wcześniejszych istotnych informacji, zbierzemy niektóre ustalenia z pierwszej części książki. Da to podstawę do opisania głównych elementów języka,

to Globish.

First we will review the ways Globish is like English and then how Globish differs from English. Then, we will examine what makes this Closed System of Natural Language an effective tool for world communication.

English speakers may well say: If Globish is like English, why not just learn English? But there are certain things English speakers do not try to understand. That is one of the main reasons people in many places will be speaking Globish.

które są ważne w Globish.

Po pierwsze, weźmiemy pod uwagę podobieństwa między Globish i językiem angielskim, a potem różnice. Następnie sprawdzimy, co sprawia, że ten Zamknięty System Języka Naturalnego jest skutecznym narzędziem dla światowej komunikacji.

Użytkownicy języka angielskiego mogą powiedzieć: Skoro Globish jest podobny do angielskiego, dlaczego nie nauczyć się po prostu angielskiego? Są jednak konkrente sprawy, których użytkownicy języka angielskiego nie starają się zrozumieć. Jest to jeden z powodów, dlaczego ludzie w wielu miejscach będą posługiwali się Globish.

Chapter 12
Is Globish the Same as English?

Globish is correct English

Native English speakers can easily read and understand this book. But because of this, English speakers do not always notice that Globish is not just **any** English. They can miss the value of limiting their English to Globish. It should instead be a comfort to them, that what they are reading can also be easily understood by Globish speakers as well.

In reading this book, all English-speakers are observing a "common ground" *in action*. Most

Rozdział 12
Czy Globish to to samo co język angielski?

Globish jest poprawnym angielskim

Native speakerzy języka angielskiego z łatwością przeczytają i zrozumieją niniejszą książkę. Ale z tego też powodu, użytkownicy języka angielskiego nie zawsze dostrzegają, że Globish nie jest **jakimś** angielskim. Mogą pominąć znaczenie ograniczenia ich zakresu angielskiego do Globish. Zamiast tego powinno stanowić to dla nich wygodę, że to co oni czytają może być równie łatwo zrozumiane przez użytkowników Globish.

Czytając tą książkę, wszyscy użytkownicy języka angielskiego obserwują zastosowanie „wspólnej

probably as many as one and a half billion other people can read and understand this same book.

Of course, at first it might seem that all English speakers can use Globish almost without thinking. However, English speakers who want to speak and write Globish must do four things: (1) use short sentences; (2) use words in a simple way; as any advertiser or politician knows; (3) use only the most common English words, and (4) help communication with body language and visual additions. Also, they must find ways to repeat what they decide is very important.

płaszczyzny" w praktyce. Prawdopodobnie więcej niż 1.5 miliarda pozostałych da radę przeczytać i zrozumieć tą książkę.

Oczywiście na początku może się wydawać, że wszyscy użytkownicy języka angielskiego potrafią posługiwać się Globish bez zastanowienia. Jednak ci, którzy chcą mówić i pisać w Globish, muszą zrobić 4 rzeczy: (1) używać krótkich zdań; (2) używać wyrazów w prosty sposób; (3) używać jedynie najbardziej powszechnych angielskich wyrazów i (4) wspomóc komunikację językiem ciała, a w razie potrzeby pomocami wizualnymi. Muszą także wyszukiwać sposobów na powtarzanie tego, co uważają za istotne.

Globish spelling is English spelling

Most English speakers have trouble with their own spelling, because the English words come from many cultures. There are probably more exceptions to the rules than there are rules. Often, people learn to spell English words by memory: they *memorize* what the word *looks like.*

Globish sounds like English

Globish speakers must learn to stress parts of words correctly. If the stress is correct, the word is most easily understood. It does not matter so much about the accent. And some sounds that are hard to make do not matter so much. A second problem in pronunciation is easier: the *schwa* sound can often be a substitute in most

Pisownia Globish odpowiada pisowni w języku angielskim

Większość użytkowników angielskiego ma problemy z pisownią, ponieważ angielskie słowa wywodzą się z różnych kultur. Prawdopodobnie jest więcej wyjątków, niż samych reguł. Ludzie często uczą się pisowni na pamięć: *zapamiętują* jak dane słowa *wyglądają.*

Globish brzmi jak angielski

Użytkownicy języka angielskiego muszą uczyć się poprawnie akcentować dane części wyrazów. Jeśli akcent jest położony właściwie, wyraz jest łatwo zrozumiany. Sama wymowa nie jest tak ważna. Niektóre dźwięki, które są trudne do wymówienia też się aż tak nie liczą. Problem dotyczący wymowy jest łatwiejszy:

parts of words that are *not* stressed. (More in Chapter 16).

dźwięk *schwa* (samogłoska zredukowana) może często być zamiennikiem w wielu częściach wyrazów, które *nie* są akcentowane. (Więcej w rozdziale 16).

Globish uses the same letters, markings and numbers as English

Globish używa tych samych liter, symboli i liczb, co język angielski

It also has the same days, months and other time and place forms.

Te same wyrazy określają dni, miesiące i inne słowa związane z czasem i przestrzenią.

Globish uses the basic grammar of English, with fewer Tenses, Voices, and Moods.

Globish używa podstawowej gramatyki angielskiej z mniejszą ilością czasów, stron czasownika i trybów.

Technical Words

Capitalize - put a large letter at the first of the word.

Visual - can be seen with the eyes

Tenses - the time a verb shows, Present, Pa st, or Future order.

Voice - a type of grammar. We use Active voice most in Globish.

Moods - ways of speaking. Imperative Mood: *"Don't look at me!"*

Directions – Globish/English
Kierunki – Globish/Angielski

Komunikowanie się w 90% w pracy, w podróży, na całym świecie

(Communicate in 90% of work, travel situations WWide)

(Little value without 3-5 more years of classes)

Niewielka korzyść bez 3-5 dodatkowych lat nauki

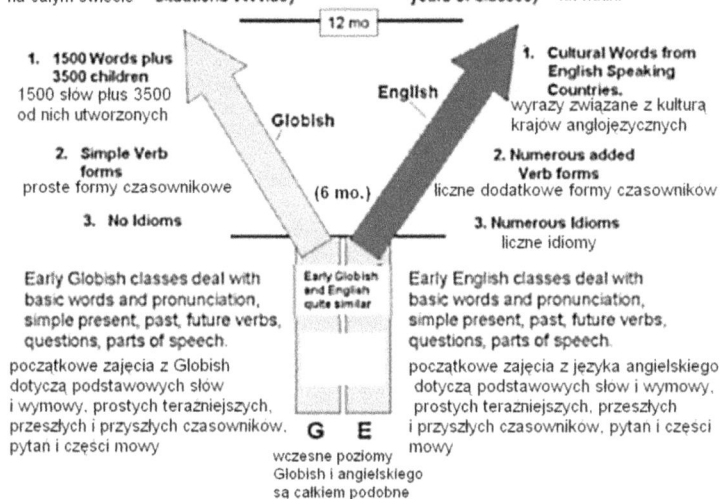

12 mo

Globish

English

1. **1500 Words plus 3500 children**
   1500 słów plus 3500 od nich utworzonych

2. **Simple Verb forms**
   proste formy czasownikowe

3. **No Idioms**

(6 mo.)

1. **Cultural Words from English Speaking Countries.**
   wyrazy związane z kulturą krajów anglojęzycznych

2. **Numerous added Verb forms**
   liczne dodatkowe formy czasowników

3. **Numerous Idioms**
   liczne idiomy

Early Globish classes deal with basic words and pronunciation, simple present, past, future verbs, questions, parts of speech.

początkowe zajęcia z Globish dotyczą podstawowych słów i wymowy, prostych teraźniejszych, przeszłych i przyszłych czasowników, pytan i części mowy

Early Globish and English quite similar

G   E

wczesne poziomy Globish i angielskiego są całkiem podobne

Early English classes deal with basic words and pronunciation, simple present, past, future verbs, questions, parts of speech.

początkowe zajęcia z języka angielskiego dotyczą podstawowych słów i wymowy, prostych teraźniejszych, przeszłych czasowników, pytan i części mowy

Chapter 13
How Globish is Different from English

Globish has a different name

The name lets people know exactly how much English they are using. It also lets native English speakers know that they do not "own" this language. Globish means we use the same simple rules for everyone. And it usually means that the speaker or writer is trying to help with understanding. Globish speakers enjoy the fact that all cultures are talking *together*.

Rozdział 13
Różnice między Globish a językiem angielskim

Globish ma inną nazwę

Ta nazwa dokładnie wskazuje jaki zakres języka angielskiego będzie używany. Ponadto informuje native speakerów, że nie są „właścicielami" tego języka. Globish oznacza, że każdy przestrzega tych samych, prostych reguł. I zwykle oznacza też, że mówca lub pisarz stara się pomóc w zrozumieniu. Osoby posługujące się Globish zadowolone są z tego, że wszystkie kultury porozumiewają się *ze sobą*.

Globish has 1500 words, expandable in four ways:

- different use of same word,
- combinations of words,
- short additions to words,
- and Phrasal Verbs.

Also allowed are (a) Names and Titles - (capitalized), (b) international words like *police* and *pizza*, (c) technical words like *noun* and *grammar* in this book. Only common agreement between speakers can decide between them, of course, what other words to allow beyond these 1500 Globish words. If one person cannot understand an additional word, then its use is not recommended. (See Chapters 16 and 17).

Globish zawiera 1500 słów, które można poszerzyć na 4 sposoby:

- na różne sposoby posłużyć się tym samym wyrazem,
- łączyć słowa,
- dodawać przyrostki i przedrostki,
- tworzyć czasowniki złożone.

Ponadto dozwolone są: (a) imiona i tytuły – (pisane wielką literą), (b) wyrazy międzynarodowe, takie jak *policja* i *pizza*, (c) wyrazy techniczne, jak np. *Rzeczownik* i *gramatyka* użyte w tej książce. Jedynie wspólne porozumienie między rozmówcami decyduje o tym jakie inne wyrazy będą dozwolone poza tymi 1500 w Globish. Jeśli jedna osoba nie rozumie takiego dodatkowego słowa lepiej wtedy w ogóle go nie używać. (Zobacz Rozdziały 16 i 17).

Globish uses mostly Active Voice

Globish speakers should understand Passive and Conditional forms. But it is usually best for Globish users to create messages in Active Voice if possible. Who or what is doing the action must be clear in Globish. English may say:

> *The streets were cleaned in the morning.*

But Globish would say:

> *The workmen cleaned the streets in the morning.*

Globish suggests short sentences (15 words or fewer)

This limits phrases and clauses, but allows them if necessary. Instead of:

> *When we went to Paris we took a nice little hotel not far from the main shopping area so that we*

Globish używa głównie strony czynnej

Użytkownicy Globish powinni rozumieć stronę bierną i tryby warunkowe. Jednak zwykle najlepiej jest tworzyć wiadomości w stronie czynnej, o ile to oczywiście możliwe. W Globish musi być jasne kto lub co wykonuje daną czynność. Anglik może powiedzieć:

> *Ulice były czyszczone rano.*

Jednak w Globish to zdanie brzmiałoby:

> *Pracownicy czyścili ulice rano.*

Globish proponuje krótkie zdania (15 słów lub mniej)

To ogranicza wyrażenia i zdania podrzędne, ale pozwala je zastosować w razie potrzeby. Zamiast powiedzieć:

> *Kiedy pojechaliśmy do Paryża wynajęliśmy fajny, mały hotel niedaleko głównej*

would not have too far to carry our purchases.

dzielnicy handlowej, żebyśmy nie musieli za daleko nosić naszych zakupów.

Globish speakers will say:

Użytkownik Globish powie:

We went to Paris, and we found a nice little hotel. It was near the main shopping area. That way, we would not have too far to carry our purchases.

Pojechaliśmy do Paryża i znaleźliśmy fajny, mały hotel. Był niedaleko głównej dzielnicy handlowej. Dzięki temu nie musieliśmy za daleko nosić naszych zakupów.

Globish pronunciation has fewer necessary sounds than traditional English

Wymowa w Globish ma mniej niezbędnych dźwięków, niż tradycyjna wymowa angielska

Globish sounds should be learned with each word. Most important: Globish must use syllable stress VEry corRECTly. Because there are similar sounds in most languages, each speaker may have to learn only a few new sounds. (See Chapter 21).

W Globish każdy wyraz powinien być przyswajany wraz z jego wymową. Co najważniejsze: Globish musi akcentować sylaby bardzo poprawnie. A ponieważ są dźwięki, które są podobne w większości języków, każdy mówca musi nauczyć się tylko kilku nowych dźwięków. (Zobacz Rozdział 21).

Globish speakers use their body, their hands and their face when they talk

Użytkownicy Globish podczas rozmowy używają ciała, rąk i twarzy

They use headlines, **dark print**, underline, and pictures with

Posługują się też nagłówkami, **tłustym drukiem**,

138

written Globish. In meetings, Globish speakers use objects, pictures, sounds, and give things to the listeners. Good Globish speakers speak clearly, and are happy to repeat what they have said. Globish speakers check that the listeners understand before they say the next thing. They repeat all questions AND answers in meetings. (More in Chapter 18)

Globish speakers are very careful about humor, idioms and examples

Globish speakers can have fun, and be friendly. But they avoid anything that might not be understood. Most people are careful not to use the same humor with their parents and their friends. Sometimes humor is good for one person but offensive to another. This is even more difficult to know about between cultures, so it is best to avoid trying to be "funny". In the same way, examples from one culture might not be good in another culture and some

podkreśleniem i zdjęciami z podpisami w Globish. Na spotkaniach, mówcy Globish używają przedmiotów, zdjęć, dźwięków oraz dają słuchaczom różne inne pomoce. Dobry mówca Globish mówi wyraźnie i chętnie powtarza to, co powiedział. Upewnia się też, że jego słuchacze go zrozumieli zanim przejdzie do kolejnej sprawy. Na spotkaniach powtarza wszystkie pytania ORAZ odpowiedzi.

Użytkownicy Globish są ostrożni w kwestii humoru, idiomów i przykładów

Użytkownicy Globish mogą być zabawni i przyjacielscy. Jednak unikają wszystkiego, co mogłoby być źle zrozumiane. Większość ludzi uważa, by nie opowiadać tych samych kawałów rodzicom i przyjaciołom. Czasem taki żart jest zabawny dla jednych, a obraźliwy dla drugich. O wiele trudniej jest też znać wszystkie kultury, więc najlepiej jest unikać bycia „zabawnym". Podobnie przykłady z jednej kultury mogą nie sprawdzić się w innej,

139

analogies might not carry exactly the same meaning. And idioms, things that depend on understanding a certain culture, should be avoided. (More in Chapter 19)

a niektóre porównania niekoniecznie mają takie samo znaczenie. Powinno też się unikać idiomów, które różnie są rozumiane w różnych kulturach. (Więcej w rozdziale 19).

Globish is a "Closed System of Natural Language."

Globish jest „Zamkniętym Systemem Języka Naturalnego"

This is what makes Globish useful, dependable, and easier to learn and use. The next chapters will be about "natural language" and Globish's closed system.

Dzięki temu Globish jest pożyteczny, niezawodny oraz łatwy w nauce i zastosowaniu. Kolejne rozdziały dotyczą „języków naturalnych" oraz zamkniętego systemu Globish.

Technical words

Noun - a part of speech naming a person, place, or thing.

Passive Voice - a sentence with n o subject. "The house is sold."

Active Voice - usual sentence - subject first. "Mary came home."

Figurative - expressing one thing in terms of another: "on thin ice."

Analogy - using two things that have a similarity to make a case.

Analogy: "The human bra in is like a computer."

Chapter 14
Natural Language Has "Experience"

People need a language that has "experience". We need to know other people have lived all their lives talking in that language. We need to know that many centuries, many parents and their children, have made it work well. Natural language is always growing. The "closed system" of Globish, of course, is a beginning definition. Over time, Globish may add necessary words as *technical* or *international* when worldwide Globish speakers are using it.

The value of having a natural language is because it has been tested with many millions of people. Its most-used words have been turned over and over, like sand on a seaside, for centuries. These words are the *survivors* from all the natural languages that came into English. They are strong words, and useful words.

Rozdział 14
Język naturalny ma „doświadczenie"

Ludzie potrzebują języka, który ma „doświadczenie". Musimy wiedzieć, że inni ludzie przeżyli swoje życie posługując się takim językiem. Ważne jest też, czy sprawdził się on u rodziców i ich dzieci przed wieloma wiekami. Język naturalny ciągle się rozwija. „Zamknięty system" Globish jest oczywiście początkiem definicji. Z czasem Globish może dodać niezbędne słowa jako techniczne i międzynarodowe, jeśli użytkownicy Globish na świecie będą się nimi posługiwać.

Wartość posiadania języka naturalnego wynika z tego, że został on sprawdzony przez miliony ludzi. Jego najczęściej używane słowa były „przewracane" przez wieki jak piasek na brzegu morza. Te słowa są *ocalonymi* ze wszystkich języków naturalnych, które weszły w skład języka angielskiego. Są to silne i

And these rules of Globish are not something someone just "thought up." For example, the way English deals with time through its verbs. Now all languages have different ways of communicating the order of happenings. But as much as any language, English-speakers have a proven language where events have relationships to each other in time. So timing is important to the English way of thinking, important to their communication. If they want to say something is happening "now" they use a continuous form, such as *I am reading this book*. That Present Continuous form means "exactly now." If they say *I read this book*, it means they have read it before now, are reading it now, and will continue to read it in the future.

These things are all important to a "way of thinking." They don't happen by someone's plan. Natural Language grows through trial-and-mistake-and-improvement, and that is why Natural Language works!

But why do we call Globish a "Closed System?" And is "closed" good?

pożyteczne słowa.

Co więcej te zasady Globish nie są czymś, co ktoś po prostu „wymyślił". Weźmy na przykład pod uwagę sposób w jaki język angielski radzi sobie z czasem poprzez czasowniki. Obecnie wszystkie języki mają różne sposoby na przekazywanie porządku zdarzeń. Jednak podobnie jak w innych językach, osoby anglojęzyczne mają sprawdzony język, gdzie wydarzenia są ze sobą powiązane w czasie. A zatem poczucie czasu jest ważne dla angielskiego sposobu myślenia, ważne dla ich komunikacji. Jeśli chcą opisać coś co ma miejsce „teraz" użyją formy ciągłej, np. *I am reading this book*. Czas Present Continuous (Teraźniejszy Ciągły) oznacza „dokładnie teraz". Jeśli powiedzą *I read this book*, oznacza to, że czytali ją, czytają teraz i będą czytać ją w przyszłości.

Te rzeczy są istotne dla „sposobu myślenia". Nie dzieją się według czyjegoś planu. Język Naturalny wzrasta metodą prób i błędów, i właśnie dlatego się sprawdza!

Ale dlaczego nazywamy Globish „Zamkniętym Systemem"? I czy „Zamknięty" oznacza dobry?

Chapter 15
A Closed System: Globish Limitations

Closed Systems give us less to remember, and more to agree on

"Closed System" means we accept certain sets of limitations in what we are doing. It makes life easier when we agree to operate within those Closed Systems. We also have many other Closed Systems. Buses and trains and airplanes usually have places to step on and off. We usually drive on just one side of the road. Cars coming the other way stay on the other side, because it is a closed system. Otherwise, either side of the road would be OK, and there would be huge problems.

Rozdział 15
Zamknięty System : Ograniczenia w Globish

Zamknięty system oznacza mniej do zapamiętania i więcej do uzgadniania

„Zamknięty System" oznacza, że akceptujemy konkretny zestaw ograniczeń w tym, co robimy. Życie jest prostsze jeśli zgadzamy się poruszać w granicach tego Zamkniętego Systemu. Mamy też przecież wiele innych Zamkniętych Systemów. Autobusy, pociągi oraz samoloty zwykle mają miejsca startu i powrotu. Zwykle też jeździmy tylko jedną stroną drogi. Samochody nadjeżdżające z przeciwnej strony zatrzymują się też po tej drugiej stronie, bo jest to zamknięty system. W przeciwnym razie każda strona drogi byłaby dobra, co stwarzałoby duże problemy.

So…. why can't a language be a Closed System?

This is why Globish is most useful, as a Closed System, a language built on common limitations. You know what you have to learn, and can do so with less effort. And when you use it, you know all the rules that the other people know. It is based on reasonable limitations that non-native English speakers have when they use English. What we have been discussing in this book are main elements of that Closed System:

Globish is limited to 1500 words

Globish has limited ways of using words.

Globish has limited length sentences.

Globish is limited to understanding.

Globish has no limits in using hands, face, or body.

144

Chapter 16
1500 Basic Words

Rozdział 16
1500 podstawowych słów

Before the English teachers all ask one question, let us answer it

Zanim nauczyciele angielskiego zadadzą jedno pytanie, odpowiedzmy na nie my

There is *no* evidence that having 1500 words is ideal, except for one thing: *It's easier to learn 1500 words than 1800 or 2000 words.* And with fewer than 1000 words you won't have some very common words when you need them. Also, you can learn spelling and pronunciation of each individual word. That way you won't have to worry about a lot of spelling and pronunciation rules. (You probably already know that English doesn't do well with its spelling and pronunciation rules.)

Nie ma żadnego dowodu na to, że znajomość 1500 słów jest idealna za wyjątkiem jednej rzeczy: Łatwiej nauczyć się 1500 niż 1800 czy 2000 słów. A w 1000 słów może nie być niektórych, bardzo powszechnych, niezbędnych słów. Co więcej, możesz uczyć się pisowni i wymowy razem z danym słowem. W ten sposób nie będziesz musiał martwić się zbytnio o zasady pisowni i wymowy. (Prawdopodobnie wiesz już, że język angielski nie radzi sobie zbyt dobrze z tymi zasadami).

These 1,500 words come from several lists of most-commonly used English words. It is very much like the 1500 words used by Voice of America, but it has fewer political words. It is very much like basic Technical English used in international training books but

Te 1500 słów pochodzi z kilku list najbardziej popularnych słów używanych w języku angielskim. Podobne są do 1500 słów używanych w Voice of America, ale zawiera mniej politycznych słów. Podobne jest też do podstawowego Technical English

without all of words for measurements. In fact, there are many lists of the "most common" 1500 words, and they all vary a lot in the last 200 words, depending on who is selecting. **So this is ours.**

używanego w międzynarodowych podręcznikach, ale bez wszystkich wyrazów określających miary. W rzeczywistości jest wiele list „najbardziej popularnych" 1500 słów i różnią się w ostatnich 200 wyrazach, w zależności od tego, kto dokonywał ich wyboru. **A oto nasza:**

The Basic 1500 Globish Words / 1500 podstawowych słów Globish

a =

able = zdolny

about = o

above = ponad

accept = akceptować

according (to) = zgodnie z (do)

account = konto

accuse = oskarżać

achieve = osiągnąć

across = przez

act = akt

adapt = dostosowanie

add = dodać

admit = przyznać

adult = dorosły

advertisement = reklama

advise = doradzać

affect = wpływać

afraid = przestraszony

after = po

again = ponownie

against = przeciw

age = wiek

agency = agencja

ago = temu

agree = zgodzić się

ahead = przed

aid = pomoc

aim = cel

air = powietrze

alive = żywy

all = wszyscy

allow = zezwolić

ally = sojusznik

almost = prawie

alone = sam

along = wzdłuż

already = już

also = także

although = jednak

always = zawsze

among = wśród

amount = ilość

and = i

anger = gniew

angle = kąt

announce = ogłaszać

another = inny

answer = odpowiedź

any = każdy

apartment= mieszkanie

apologize= przepraszać

appeal = odwoływać się

appear = pojawiać się

apple = jabłko

apply = zastosować

appoint = wyznaczać

approve = zatwierdzać

area = obszar

argue = sprzeczać się

arm = ramię

army = wojsko

around = wokół

arrest = aresztować

arrive = przyjeżdżać

art = sztuka

as = jako

ask = zapytać

assist = pomagać

at = na

attach = załączyć

attack = atak

attempt = próba

attend = brać udział

attention = uwaga

authority = organ

automatic = automatycznie

autumn = jesień

available = dostępny

average = średni

avoid = unikać

awake = przebudzony

award = nagroda

away = z dala

baby = dziecko

back = z powrotem

bad = zły

bag = torba

balance = równowaga

ball = piłka

ballot = głosowanie

ban = zakaz

bank = bank

bar = bar

barrier = bariera

base = podstawa

basket = koszyk

bath = kąpiel

battle = bitwa

be = być

bear = niedźwiedź

beat = rytm

beauty = piękno

because = ponieważ

become = zostać

bed = łóżko

beer = piwo

before = przed

begin = zacząć

behind = za

believe = wierzyć

bell = dzwon

belong = należeć

below = poniżej

bend = zginać

beside = obok

best = najlepszy

betray = zdradzić

better = lepszy

between = między

big = duży

bill = rachunek

bird = ptak

birth = narodziny

bit = odrobina

bite = gryźć

black = czarny

blade = ostrze

blame = winić

blank = pusty

blanket = koc

bleed = krwawić

blind = ślepy

block = blok

blood = krew

blow = podmuch

blue = niebieski

board = deska

boat = łódź

body = ciało

bomb = bomba

bone = kości

bonus = bonus

book = książka

boot = kozak

border = granica

born = urodzony

borrow = pożyczyć

boss = szef

both = oba

bottle = butelka

bottom = dno

box = pudełko

boy = chłopak

boycott = bojkot

brain = mózg

brake = hamulec

branch = gałąź

brave = odważny

bread = chleb

break = złamać

breathe=oddychać

brick = cegła

bridge = most

brief = krótki

bright = jasny

bring = przynieść

broad = szeroki

broadcast = emitować

brother = brat

brown = brązowy

brush = szczotka

budget = budżet

build = budować

bullet = pocisk

burn = palić

burst = wybuch

bury = zakopać

business = firma

busy = zajęty

but = ale

butter = masło

button = przycisk

buy = kupić

by = przez

cabinet = szafa

call = dzwonić

calm = spokój

camera = kamera

camp = obóz

campaign = kampania

can = móc

cancel =anulować

capture =pojmanie

car = samochód

card = karta

care = troska

carriage = wóz

carry = nieść

case = przypadek

cash = gotówka

cat = kot

catch = łapać

cause = powodować

celebrate = świętować

cell = komórki

center = centrum

century = wiek

ceremony = ceremonia

certain = pewien

chain = łańcuch

chair = krzesło

chairman = przewodniczący

challenge = wyzwanie

champion = mistrz

chance = szansa

change = zmiana

channel = kanał

character = charakter

charge = opłata

chart = wykres

chase = pościg

cheap = tani

check = sprawdzać

cheer = dopingować

cheese = ser

chemical = chemiczny

chest = skrzynia

chief = szef

child = dziecko

choose = wybierać

church = kościół

circle = koło

citizen = obywatel

city = miasto

civilian = cywil

claim = twierdzić

clash = zderzenie

class = klasa

clean = czysty

clear = jasny

climate = klimat

climb = wspinać się

clock = zegar

close = blisko

cloth = tkanina

cloud = chmura

coal = węgiel

coast = wybrzeże

coat = płaszcz

code = kod

cold = zimny

collect = zbierać

college = kolegium

colony = kolonia

color = kolor

combine = łączyć

come = przyjść

comfort = komfort

command = polecenie

comment = komentarz

committee = komisja

common = powszechny

communicate = komunikować

community = społeczność

company = firma

compare =porównywać

compete = konkurować

complete = pełny

compromise = kompromis

computer = komputer

concern = problem

condemn = potępiać

condition = warunek

conference = konferencja

confirm = potwierdzać

congratulate = pogratulować

congress = kongres

connect = łączyć

consider = rozważać

consumption = konsumpcja

contact = kontakt

contain = zawierać

continent = kontynent

continue = kontynuować

control = kontrola

cook = gotować

cool = chłodny

cooperate = współpracować

copy = kopia

148

cork = korek

corn = kukurydza

corner = róg

correct =poprawny

cost = koszt

cotton = bawełna

count = ilość

country = kraj

course = kurs

court = sąd

cover = przykrywać

cow = krowa

crash = zderzenie

create = utworzyć

credit = kredyt

crew = załoga

crime = przestępczość

crisis = kryzys

criteria = kryteria

criticize = krytykować

crop = uprawa

cross = krzyż

crowd = tłum

crush = tłok

cry = płakać

culture = kultura

cup = filiżanka

cure = leczyć

current = aktualny

custom = zwyczaj

cut = ciąć

damage = szkoda

dance = taniec

danger = niebezpieczeństwo

dark = ciemny

date = data

daughter = córka

day = dzień

dead = martwy

deaf = głuchy

deal = umowa

dear = drogi

debate = debata

debt = dług

decide = decyzja

declare = oznajmiać

decrease = spadek

deep = głęboki

defeat = porażka

defend = bronić

define = definiować

degree = stopień

delay = opóźnienie

delicate =delikatny

deliver =dostarczać

demand = popyt

demonstrate = demonstrować

denounce = demaskować

deny = zaprzeczać

departure = odjazd

depend = zależeć

deploy = rozmieszczać

depression = depresja

describe = opisać

desert* = pustynia *

design = projekt

desire = pragnienie

destroy = zniszczyć

detail = szczegół

develop = rozwijać

device =urządzenie

die = umierać

diet = dieta

differ = różnić się

difficult = trudny

dig = kopać

dinner = obiad

diplomat = dyplomata

direct = bezpośredni

dirt = brud

disappear =zniknąć

discover=odkrywać

discuss = omawiać

disease = choroba

disk = dysk

dismiss = oddalać

dispute = spór

distance = odległość

divide = dzielić

do = robić

doctor = lekarz

document = dokument

dog = pies

door = drzwi

doubts = wątpliwości

down = w dół

drain = drenaż

draw = rysować

dream = śnić

dress = sukienka

drink = pić

drive = prowadzić

drop = upuścić

drug = narkotyk

dry = suchy

during = podczas

dust = pył

duty = obowiązek

each = każdy

ear = ucho

early = wcześnie

earn = zarabiać

earth = ziemia

east = wschód

easy = łatwy

eat = jeść

edge = krawędź

education = edukacja

effect = efekt

effort = wysiłek

egg = jajko

either = albo

elastic = elastyczny

electricity = energia elektryczna

element = element

else = inaczej

embassy = ambasada

emergency = nagły wypadek

emotion = emocja

employ = zatrudniać

empty = pusty

end = koniec

enemy = wróg

enforce = popierać

engine = silnik

enjoy=bawić się dobrze

enough = dość

enter = wejść

entertain = zabawiać

environment = środowisko

equal = równy

equate = zrównać

equipment = sprzęt

erase = wymazywać

escape = uciekać

especially = zwłaszcza

149

establish = ustanowić

estimate = szacować

ethnic = etniczny

evaporate = odparować

even = nawet

event = wydarzenie

ever = kiedykolwiek

every = każdy

evidence = dowód

evil = zły

exact = dokładnie

example = przykład

except = z wyjątkiem

exchange = wymiana

excuse = pretekst

execute = wykonywać

exercise=ćwiczenie

exist = istnieć

exit = wyjście

expand = rozwijać

expect = spodziewać się

expense = koszt

experience = doświadczenie

experiment = eksperyment

expert = ekspert

explain = wyjaśniać

explode = eksplodować

explore = poszukiwać

export* = eksport *

express = ekspresowy

extend = rozszerzać

extra = dodatkowy

extreme = skrajny

eye = oko

face = twarz

fact = fakt

factory = fabryka

fail = oblać na egzaminie

fair = uczciwy

fall = upaść

false = fałszywy

family = rodzina

famous = słynny

far = daleko

fast = szybki

fat = gruby

father = ojciec

fear = strach

feather = pióro

feature = cecha

feed = karmić

feel = czuć

female = żeński

fertile = żyzny

few = niewiele

field = pole

fierce = dziki

fight = walczyć

figure = figura

file = plik

fill = wypełniać

film = film

final = końcowy

finance = finanse

find = znaleźć

fine = niezły

finger = palec

finish = koniec

fire = ogień

firm = firma

first = pierwszy

fish = ryba

fist = pięść

fit = pasować

fix = naprawiać

flag = flaga

flat = płaski

float = unosić się

floor = podłoga

flow = przepływ

flower = kwiat

fluid = płyn

fly = lecieć

fog = mgła

fold = zagięcie

follow = śledzić

food = jedzenie

fool = głupiec

foot = stopa

for = dla

forbid = zabraniać

force = siła

foreign = zagraniczny

forest = las

forget = zapominać

forgive = wybaczać

form = formularz

former = dawny

forward = w przód

frame = ramka

free = bezpłatny

freeze = zamrażać

fresh = świeży

friend = przyjaciel

frighten = przestraszyć

from = od

front = przód

fruit = owoce

fuel = paliwo

full = pełny

fun = zabawa

future = przyszłość

gain = zyskiwać

gallon = galon

game = gra

gang = gang

garden = ogród

gas = gaz

gather = zbierać

general = ogólny

gentle = łagodny

get = dostać

gift = prezent

girl = dziewczyna

give = dawać

glass = szkło

global = globalny

go = iść

goal = cel

god = bóg

gold = złoto

good = dobry

govern = rządzić

grass = trawa

gray (grey) = szary

great = świetny

green = zielony

ground = ziemia

group = grupa

grow = rosnąć

guarantee = gwarancja

guard = strażnik

guess = zgadywać

guide = przewodnik

guilty = winny

gun = pistolet

guy = facet

hair = włosy

half = pół

halt = zatrzymać się

hand = dłoń

hang = wisieć

happen = dziać się

happy = szczęśliwy

hard = twardy

harm = szkoda

hat = kapelusz

hate = nienawidzić

have = mieć

he = on

head = głowa

heal = uzdrowić

health = zdrowie

hear = słyszeć

heart = serce

heat = ciepło

heavy = ciężki

help = pomoc

her = jej

here = tu

hide = ukrywać

high = wysoki

hijack = porwanie

hill = wzgórze

him = go

hire = wynająć

his = jego

history = historia

hit = uderzyć

hold = trzymać

hole = dziura

holiday = święto

hollow = dziura

holy = święty

home = dom

honest = uczciwy

hope = nadzieja

horrible = straszny

horse = koń

hospital = szpital

hostage = zakładnik

hostile = wrogi

hot = gorący

hour = godzina

house = dom

how = jak

however = jednakże

huge = wielki

human = człowiek

humor = humor

hunger = głód

hunt = polować

hurry = pośpiech

hurt = ranny

husband = mąż

I = Ja

ice = lód

idea = idea

identify = identyfikować

if = jeśli

ill = chory

imagine = wyobrażać

import* = import *

important = ważne

improve = poprawić

in = w

inch = cal

incident = wypadek

include = obejmować

increase* = wzrost *

independent = niezależny

indicate = wskazywać

individual = indywidualny

industry = przemysł

infect = zainfekować

influence = wpływ

inform = informować

inject = wstrzykiwać

injure = zranić

innocent = niewinny

insane = szalony

insect = owad

inspect = kontrolować

instead = zamiast

insult* = obraza *

insurance = ubezpieczenie

intelligence = inteligencja

intense = intensywny

interest = zainteresowanie

interfere = kolidować

international = międzynarodowy

into = w

invade = najechać

invent = wymyślić

invest = inwestować

investigate = badać

invite = zapraszać

involve = obejmować

iron = żelazo

island = wyspa

issue = kwestia

it = to

item = przedmiot

jacket = kurtka

jail = więzienie

jewel = klejnot

job = praca

join = dołączyć do

joint = złącze

joke = żart

joy = radość

judge = sędzia

jump = skok

jury = jury

just = tylko

keep = zatrzymać

key = klucz

kick = kopać

kid = dzieciak

kill = zabić

kind = rodzaj

king = król

kiss = pocałunek

kit = zestaw

kitchen = kuchnia

knife = nóż

know = znać

labor = praca

laboratory = laboratorium

lack = brak

lake = jezioro

land = lądować

language = język

large = duży

last = ostatni

late = późno

laugh = śmiać się

law = prawo

lay = położyć

lead = prowadzić

leak = przeciekać

learn = uczyć się

least = najmniej

leave = zostawić

left = lewy

leg = noga

legal = legalny

lend = pożyczać

length = długość

less = mniej

let = pozwolić

letter = list

level = poziom

lie = kłamać

life = życie

lift = winda

light = lekki

like = lubić

limit = limit

line = linia

link = łącze

lip = warga

liquid = ciecz

list = lista

listen = słuchać

little = mało

live = żyć

load = ładować

loan = pożyczka

local = lokalny

locate = zlokalizować

lock = blokować

log = logować

lone = samotny

long = długi

look = patrzeć

loose = luźny

lose = przegrać

lot = dużo

loud = głośny

love = miłość

low = niski

luck = szczęście

magic = magia

mail = poczta

main = główny

major = główny

make = robić

male = męski

man = mężczyzna

manufacture = produkcja

many = wiele

map = mapa

march = marzec

mark = znak

market = rynek

marry = pobierać się

master = mistrz

match = pasować

material = materiał

matter = sprawa

may = może

mayor = burmistrz

me = mnie

meal = posiłek

mean = oznaczać

measure = środek

meat = mięso

media = media

meet = spotkać

member = członek

memory = pamięć

mental = umysłowy

mercy = miłosierdzie

message = wiadomość

metal = metal

meter = metr

method =m

middle = środek

might = mógłby

mile = mila

military = wojskowy

milk = mleko

mind = umysł

mine = mój

minister = minister

minor = mały

miscellaneous = różny

miss = tęsknić

mistake = błąd

mix = miksować

mob = tłum

model = model

moderate = umiarkowany

modern = nowoczesny

money = pieniądze

month = miesiąc

moon = księżyc

moral = moralny

more = więcej

morning = ranek

most = najwięcej

mother = matka

motion = ruch

mountain = góra

mouth = usta

move = ruch

much = wiele

murder = morderstwo

muscle = mięsień

music = muzyka

must = musieć

my = mój

mystery = tajemnica

nail = paznokieć

name = imię

narrow = wąski

nation = naród

native = krajowiec

navy = flota

near = blisko

necessary = konieczny

neck = szyja

need = potrzebować

neighbor = sąsiad

neither = żaden

nerve = nerw

neutral = neutralny

never = nigdy

new = nowy

news = wiadomości

next = następny

nice = fajny

night = noc

no = nie

noise = hałas

noon = południe

normal = normalny

north = północ

nose = nos

not = nie

note = notatka

nothing = nic

notice = zawiadomienie

now = teraz

nowhere = nigdzie

number = numer

obey = przestrzegać

object = obiekt

observe =

obserwować

occupy = zajmować

occur = występować

of = z

off = wyłączony

offensive = obraźliwy

offer = oferta

office = urząd

officer = oficer

often = często

oil = olej

old = stary

on = na

once = raz

only = tylko

open = otwarty

operate = działać

opinion = opinia

opportunity=okazja

opposite = naprzeciwko

oppress = gnębić

or = lub

order = porządek

organize = organizować

other = inny

ounce = uncja

our = nasz

ours = nasz

oust = usuwać

out = na zewnątrz

over = ponad

owe = zawdzięczać

own = posiadać

page = strona

pain = ból

paint = farba

pan = garnek

pants = spodnie

paper = papier

parade = parada

parcel = paczka

parent = rodzic

parliament = parlament

part = część

party = impreza

pass = zdać

passenger = pasażer

past = przeszłość

paste = wklejać

path = ścieżka

patient = pacjent

pattern = wzór

pay = płacić

peace = pokój

pen = pióro

pencil = ołówek

people = ludzie

percent = procent

perfect = perfekcyjny

perform = wykonać

perhaps=być może

period = okres

permanent = stały

permit = zezwolenie

person = osoba

physical = fizyczny

pick = kilof

picture = obrazek

piece = sztuka

pig = świnia

pilot = pilot

pint = pint

pipe = rura

place = miejsce

plain = zwykły

plan = plan

plane = samolot

plant = roślina

plastic = plastik

plate = płyta

play = grać

please = proszę

plenty = mnóstwo

pocket = kieszeń

point = punkt

poison = trucizna

policy = polityka

politics = polityka

pollute = zanieczyszczać

poor = biedny

popular = popularny

port = port

position = stanowisko

possess = posiadać

possible = możliwy

postpone = odroczyć

potato = ziemniak

pound = funt

pour = nalewać

powder = proszek

power = moc

practice = praktyka

praise = pochwała

pray = modlić się

pregnant = w ciąży

present = prezent

press = naciskać

pretty = śliczny

prevent = zapobiegać

price = cena

print = drukować

prison = więzienie

private = prywatny

prize = nagroda

problem = problem

process = proces

product = produkt

professor = profesor

profit = zysk

program = program

progress* = postęp *

project* = projekt *

property = nieruchomość

propose = zaproponować

protect =chronić

protest = protest

prove = udowadniać

provide = zapewniać

public = publiczny

publish = publikować

pull = ciągnąć

punish = karać

purchase = kupić

pure = czysty

purpose = cel

push = pchać

put = kłaść

quality = jakość

quart = kwarta

quarter = kwadrans

queen = królowa

question = pytanie

quick = szybki

quiet = cichy

quit = zamknij

quite = całkiem

race = wyścig

radiation= promieniowanie

raid = najazd

rail = kolej

rain = deszcz

raise = unieść

range = zakres

rare = rzadki

rate = stosunek

rather = raczej

ray = promień

reach = osiągnąć

react = reagować

read = czytać

ready = gotowy

real = prawdziwy

reason = powód

receive = otrzymać
recognize = rozpoznać

record* = rekord *

recover = odzyskać

red = czerwony
reduce = zmniejszyć
refugee = uchodźca

refuse* = odmówić *

regret = żal

regular = regularny

reject = odrzucać
relation = powiązanie

release = uwolnić

remain = pozostać
remember = pamiętać

remove = usunąć

repair = naprawiać

repeat = powtarzać

report = raport
represent = przedstawiać

request = prośba

require = wymagać

rescue = uratować

research = badanie

resign=rezygnować

resist = opierać się
resolution = postanowienie

resource = zasoby

respect = szacunek
responsible = odpowiedzialny

rest = reszta
restrain = powstrzymywać

result = wynik

retire = przechodzić na emeryturę

return = powrót

revolt = bunt

reward = nagroda

rice = ryż

rich = bogaty

ride = jechać

right = prawy

ring = pierścień

riot = zamieszki

rise = rosnąć

risk = ryzyko

river = rzeka

road = droga

rob = okradać

rock = skała

rocket = rakieta

roll = bułka

roof = dach

room = pokój

root = korzeń

rope = lina

rough = szorstki

round = runda

row = rząd

rub = trzeć

rubber = guma

ruin = ruina

rule = zasada

run = biec

sad = smutny

safe = bezpieczny

sail = żagiel

salt = sól

same = ten sam

sand = piasek

satisfy = satysfakcjonować

save = ratować

say = powiedzieć

scale = skala

scare =przestraszyć

school = szkoła

science = nauka

score = wynik

script = pismo

sea = morze

search = szukać

season = sezon

seat = miejsce

second = sekunda

secret = sekret

section = sekcja
security = bezpieczeństwo

see = widzieć

seed = nasiono

seek = szukać

seem=wydawać się

seize = chwytać

seldom = rzadko

self = własny

sell = sprzedać

senate = Senat

send = wysyłać

sense = sens

sentence = zdanie

separate = oddzielny

series = seria

serious = poważny

serve = służyć

set = ustalać

settle = osiedlać

several = kilka

severe = ciężki

sex = płeć

shade = cień

shake = trząść

shall = będzie

shame = wstyd

shape = kształt

share = dzielić

sharp = ostry

she = ona

sheet = arkusz

shelf = półka

shell = muszla

shelter = schronienie

shine = świecić

ship = statek

shirt = koszulka

shock = szok

shoe = but

shoot = strzelać

shop = sklep

short = krótki

should = powinien

shout = krzyczeć

show = pokaz

shrink = kurczyć się

shut = zamykać

154

sick = chory

side = strona

sign = znak

signal = sygnał

silence = cisza

silk = jedwab

silver = srebro

similar = podobny

simple = prosty

since = od

sing = śpiewać

single =pojedynczy

sister = siostra

sit = siedzieć

situation = sytuacja

size = rozmiar

skill = umiejętność

skin = skóra

skirt = spódnica

sky = niebo

slave = niewolnik

sleep = spać

slide = ślizgać

slip = poślizgnąć się

slow = powolny

small = mały

smart = sprytny

smash = rozbijać się

smell = zapach

smile = uśmiechać się

smoke = dym

smooth = gładki

snack = przekąska

snake = wąż

sneeze = kichać

snow = śnieg

so = więc

soap = mydło

social = społeczny

society= społeczeństwo

soft = miękki

soil = gleba

soldier = żołnierz

solid = stały

solve = rozwiązać

some = trochę

son = syn

song = piosenka

soon = wkrótce

sorry = przepraszam

sort = sortować

soul = dusza

sound = dźwięk

south = południe

space = przestrzeń

speak = mówić

special = specjalny

speech = mowa

speed = prędkość

spell = zaklęcie

spend = spędzać

spirit = duch

spot = cętka

spread = rozprzestrzeniać

spring = wiosna

spy = szpieg

square = kwadrat

stage = scena

stairs = schody

stamp = znaczek

stand = stać

star = gwiazda

start = zacząć

starve = głodować

state = stan

station = stacja

status = stan

stay = zostać

steal = ukraść

steam = para

steel = stal

step = krok

stick = trzymać się

still = wciąż

stomach = brzuch

stone = kamień

stop = zatrzymać

store = przechowywać

storm = burza

story = historia

straight = prosty

strange = dziwny

stream = strumień

street = ulica

stretch = rozciągać

strike = strajk

string = sznurek

strong = silny

structure = struktura

struggle = walka

study = badanie

stupid = głupi

subject = temat

substance = substancjia

substitute = zastępować

succeed = następować

such = taki

sudden = nagły

suffer = cierpieć

sugar = cukier

suggest = zaproponować

suit = pasować

summer = lato

sun = słońce

supervise = nadzorować

supply = zapas

support = wsparcie

suppose = przypuszczać

suppress = tłumić

sure = pewien

surface = powierzchnia

surprise = niespodzianka

surround = otaczać

survive = przetrwać

suspect = podejrzany

suspend = zawiesić

swallow = połknąć

swear = przysięgać

sweet = słodki

swim = pływać

symbol = symbol

sympathy = współczucie

system = system

table = stół

tail = ogon

take = brać

talk = mówić

tall = wysoki

target = cel

task = zadanie

taste = smak

tax = podatek

tea = herbata

teach = uczyć

team = zespół

tear = łza

tell = powiedzieć

term = termin

terrible = straszny

territory =terytorium

terror = terror

test = test

than = niż

thank = dziękować

that = tamten

the =

theater = teatr

theirs = ich

them = im

then = wtedy

theory = teoria

there = tam

these = te

they = oni

thick = gruby

thin = cienki

thing = rzecz

think = myśleć

third = trzeci

this = ten

those = tamte

though = chociaż

thought = myśl

threaten = grozić

through = przez

throw = rzucać

thus = dlatego

tie = wiązać

tight = ciasny

time = czas

tin = puszka

tiny = malutki

tire = męczyć

title = tytuł

to = aby

today = dzisiaj

together = razem

tomorrow = jutro

tone = ton

tongue = język

tonight=wieczorem

too = też

tool = narzędzie

tooth = ząb

top = szczyt

total = suma

touch = dotykać

toward = w stronę

town = miasto

track = śledzić

trade = handel

tradition = tradycja

traffic = ruch

train = pociąg

transport* = transport *

travel = podróż

treason = zdrada

treasure = skarb

treat = traktować

treaty = traktat

tree = drzewo

trial = próba

tribe = plemię

trick = sztuczka

trip = wycieczka

troop = gromada

trouble = kłopot

truck = ciężarówka

TRUE = prawdziwy

trust = ufać

try = próbować

tube = rura

turn = kolej

twice = dwa razy

under = pod

understand = rozumieć

unit = jednostka

universe = wszechświat

unless = chyba, że

until = dopóki

up = w górę

upon = na

urge = pragnienie

us = nas

use = użyć

valley = dolina

value = wartość

vary = różnić
vegetable = warzywo

vehicle = pojazd

version = wersja

very = bardzo

veto = weto

vicious = błędny

victim = ofiara

victory = zwycięstwo

view = widok

violence =przemoc

visit = wizyta

voice = głos

volume = tom

vote = głosować

wage = wynagrodzenie

wait = czekać

walk = iść

wall = ściana

want = chcieć

war = wojna

warm = ciepły

warn = ostrzegać

wash = myć

waste = marnować

watch = obserwować

water = woda

wave = fala

way = droga

we = my

weak = słaby

wealth = bogactwo

weapon = broń

wear = nosić

weather = pogoda

week = tydzień

weight = waga

welcome = wltać

well = dobrze

west = zachód

wet = mokry

what = co

wheat = pszenica

wheel = koło

when = kiedy

where = gdzie

whether = czy

which = który

while = podczas, gdy

white = biały

who = kto

whole = cały

why = dlaczego

wide = szeroki

wife = żona

wild = dziki

will = będzie

win = wygrać

wind = wiatr

window = okno

wine = wino

wing = skrzydło

winter = zima

wire = drut

wise = mądry

wish = życzenie

with = z
withdraw =
wycofać

without = bez

woman = kobieta
wonder =
zastanawiać się

wood = drewno

wool = wełna

word = słowo

work = pracować

world = świat

worry = martwić się

worse = gorzej

worth = wart

wound = rana

wreck = wrak

write = pisać

wrong = zły

yard = podwórze

year = rok

yellow = żółty

yes = tak

yesterday=wczoraj

yet = jeszcze

you = ty

When you learn a Globish word, you will not need to learn spelling rules or pronunciation rules. You will need to think of only that word. You should learn its individual pronunciation and how its individual spelling looks to you.

If you attempt to sound out every word from the English *spelling* **you will be sorry.** English writing has a very loose relationship with its sounds. But please...you must do everything to learn the **stressed** syllables in the Globish words. If you will say that stressed syllable in a **heavy** tone, most people can understand the rest.

One key sound that *is* more important to Globish – and English – than any other is the *"schwa"* sound. The *schwa* is almost not a sound. It usually "fills in" in words of more than one syllable, as a way of moving quickly over unstressed syllables. The *schwa* also makes trying to spell using sound very difficult.

Kiedy poznajesz jakieś słowo w Globish nie musisz uczyć się zasad pisowni i wymowy. Musisz myśleć tylko o tym słowie. Powinieneś uczyć się każdej wymowy i pamiętać jak dane słowo wygląda.

Jeśli usiłujesz wymawiać słowa tak, jak są zapisane to **będziesz rozczarowany.** Język pisany ma luźne powiązania z wymową. Ale proszę... musisz zrobić wszystko, by nauczyć się, które sylaby są **akcentowane** w wyrazach Globish. Jeśli zaakcentujesz taką sylabę **mocniejszym** tonem głosu, większość ludzi zrozumie resztę.

Jednym kluczowym dźwiękiem, który jest ważniejszy w Globish – i angielskim – niż jakikolwiek inny dźwięk to „schwa". „Schwa" nie jest pełną głoską. Zwykle „uzupełnia" wyrazy wielosylabowe tak, by szybko przebrnąć przez nieakcentowane sylaby. „Schwa" utrudnia też

All of these letters and letter-combinations will sound the same when an English speaker or a good Globish speaker says them. Using the schwa on the unstressed syllable is the most important thing about Globish (or English) pronunciation – and spelling – that you can know, because it makes everything else so much easier.

zapisanie danego słowa na podstawie wymowy.

Wszystkie te litery i połączenia liter będą brzmiały tak samo, kiedy wymówi je Anglik lub dobry mówca Globish. Używanie dźwięku „schwa" w sylabach nieakcentowanych to najważniejsza rzecz w wymowie i pisowni Globish (jak również angielskiej), której znajomość znacznie wszystko ułatwia.

Chapter 17
When Globish Arrives

Since 2004, when the first books about Globish were published, the talk about Globish has changed. In that year, in forums on the Internet, many English teachers looked at the idea – and then looked away, saying: "I cannot imagine anything important being said in Globish" and "They are going to destroy our beautiful English language" and "Why can't they just learn how to speak decent English?" These forums are still on the Internet. You can Google them.

But many more people were still traveling from their countries, and still joining global businesses. Many more in this period were leaving

Rozdział 17
Pojawia się Globish

Od roku 2004, kiedy to zostały wydane pierwsze książki o Globish, rozmowy na jego temat uległy zmianie. W tym roku, na internetowych forach wielu nauczycieli angielskiego przyjrzało się pomysłowi – i potem odwrócili wzrok mówiąc: „Nie mogę sobie wyobrazić powiedzenia niczego ważnego w Globish" oraz „Zamierzają zniszczyć nasz piękny język angielski", a także „Dlaczego oni nie mogą po prostu nauczyć się mówić przyzwoitym angielskim?" Te fora są ciągle dostępne w Internecie. Możesz je wyszukać na Google.

Jednak dużo więcej osób ciągle podróżowało i przyłączało się do globalnych interesów. W tym okresie dużo więcej osób po

their countries on work-permits for the first time to take jobs in more prosperous countries. They could not wait, they had to speak and be heard. And because they were speaking English across the world, more people began to see what these people with just "enough" English could really do. They built roads and houses, but many also made scientific discoveries and many more made lots of money in new worldwide businesses. All of this with just "enough" English.

Now, 6 years later, the tone toward Globish has changed. Most people now accept that native English speakers will not rule the world. Most people accept that there are important leaders who speak only "enough" English, but use it well to lead very well in the world.

So now there are very different questions, in the same forums.

raz pierwszy opuszczało swoje kraje dzięki pozwoleniom na prace w zamożniejszych krajach. Nie mogli czekać, musieli mówić i być słyszani. A ponieważ na całym świecie posługiwali się angielskim, więcej ludzi zaczęło dostrzegać, że ci ludzie z „wystarczającą" ilością tego języka naprawdę dają sobie radę. Zbudowali drogi i domy, wielu z nich dokonało też naukowych odkryć, a sporo z nich zarobiło dużo pieniędzy w międzynarodowych interesach. Wszystko to dzięki „wystarczającej" ilości języka angielskiego.

Dziś, 6 lat później, atmosfera wokół Globish jest inna. Większość ludzi akceptuje fakt, że native speakerzy nie będą rządzić światem. Akceptują też to, że są liderzy, którzy posługują się tylko „wystarczającą" ilością angielskiego i robią to na tyle dobrze ,by przewodzić w tym świecie.

Dlatego na tych samych forach pojawiają się inne pytania.

Some of the same people from 2004 are now asking:

"How many people now know enough English?".

"Should the native English-speaking teachers, who said 'you will never be good enough' now still be the guards over the language?" and

"Who will own the language?" And some few are beginning to ask: "How much English is enough?"

We think Globish – as described in this book – carries many of the answers.

Globish developed from observations and recording of what seemed to be the usual limitations of the average non-native speakers of English. Perhaps only 10% of those have studied English more than a year, or lived for a year in an English-speaking country. But they may have enough, if they know what *is*

Niekiedy ci sami ludzie z 2004 roku pytają:

„Ile osób wystarczająco zna dziś angielski?"

„Czy native speakerzy powinni być nauczycielami, którzy mówią 'nigdy nie będziesz wystarczająco dobry' i nadal być strażnikami języka?" oraz

„Kto powinien być właścicielem tego języka?" A niektórzy zaczynają pytać: „Jaka ilość angielskiego jest wystarczająca?"

Uważamy, że Globish – jak to zresztą opisano w niniejszej książce – odpowiada na wiele z tych pytań.

Globish rozwinął się z obserwacji i zapisów czegoś, co wyglądało jak zwykłe ograniczenia przeciętnych nie-native speakerów języka angielskiego.
Prawdopodobnie tylko 10% z nich uczyło się tego języka dłużej niż rok, albo mieszkało przez ten okres w jakimś anglojęzycznym kraju. Mogą mieć wystarczającą znajomość,

enough.

Perhaps in the next 5 years, more people will run out of money for never-ending English classes. And more people will decide to follow careers and have families and ... live...instead of always trying – year after year – for that goal of perfect English.

Globish may have their answer. And it may also have the answer for global companies who need enough English – but perhaps not perfect English – in their home offices and sales branches. Globish might work for these companies if their native speakers will -- at the same time -- learn how much English is too much.

Globish is what Toronto University linguist Jack Chambers called in 2009 "a new thing and very interesting...if (they are) formally codifying it, then Globish will gain status."

jeśli wiedzą ile *jest* wystarczająco.

Być może w ciągu następnych 5 lat więcej ludzi straci pieniądze na niekończące się lekcje angielskiego. I więcej osób zdecyduje się podążać za karierą czy założeniem rodziny i... żyć... zamiast starać się – rok po roku – dążyć do perfekcyjnej angielszczyzny.

Globish może stanowić odpowiedź. Może też być odpowiedzią dla globalnych firm, które potrzebują wystarczającego angielskiego – choć być może nie idealnego – w biurach i filiach handlowych. Globish może się sprawdzić w tych firmach jeśli ich native speakerzy jednocześnie dowiedzą się jaki zakres języka angielskiego wystarczy.

W 2009 Jack Chambers, lingwista z Toronto University, nazwał Globish „nową, bardzo interesującą rzeczą... jeśli formalnie ją ujednolicą, wtedy Globish zajmie prestiżową pozycję".

This book has been written not only to describe and codify, but to demonstrate Globish as a natural language, yet one that is in a closed system that is predictable and dependable, and is very close to being used across the globe now.

Then with so many good reasons for Globish that so many people agree with, why hasn't it happened? Why hasn't it arrived?

There seem to be 3 main barriers to that arrival:

Physical: People think they do not have the time or the money or the nearness to English Speaking to learn enough as a tool. With new media and Internet courses, this will make Globish all the easier to learn.

Language: Many English speakers truly feel that you cannot have just part of a language and you must always try for all of it. Quite a few language professors

Niniejsza książka napisana jest nie tylko po to, by opisać i ujednolicić, ale również by przedstawić Globish jako język naturalny, taki który jest zamkniętym systemem, a jednocześnie jest przewidywalny i niezawodny. Jest też bardzo prawdopodobne, że będzie używany na całym świecie.

Jednak mając tyle dobrych argumentów, które ludzie popierają, dlaczego do tego nie doszło? Dlaczego Globish się jeszcze nie pojawił?

Wydają się istnieć 3 bariery:

Fizyczna: Ludzie uważają, że nie mają czasu, pieniędzy, ani bliskiej styczności z językiem angielskim, by opanować go w wystarczającym stopniu. Dzięki nowym mediom oraz kursom internetowym ławiej jest się nauczyć Globish.

Językowa: Wielu użytkowników języka angielskiego szczerze uważa, że nie da się nauczyć tylko części języka, ale że należy starać się nauczyć go

say that Globish is "not studied enough" or "not structured enough" – as always, without saying how much IS enough.

Political: The questions of who will make Globish happen, and who will require it, and who will finally "own" it seem central here. The remaining people who speak against Globish will discover that the citizens of the world will require it, make it happen, and own it – likely within the next 10 years. The very name *Globish* establishes this new point of view – that of the Global citizen who does not need the English past. This citizen needs only a dependable, usable language for the future.

Although it may not be historically exact, one has the image of the poor, beaten Englishmen who brought forth the Magna

w całości. Wielu profesorów twierdzi, iż Globish „nie jest wystarczająco zbadany" czy „zorganizowany" – jak zwykle, nie określając ile JEST wystarczajaco.

Polityczna: Kwestia tego kto sprawi, że Globish zaistnieje, kto będzie go potrzebował oraz kto w końcowym efekcie będzie go „posiadał" wydaje się być w tej sytuacji kluczowa. Przeciwnicy Globish odkryją, że obywatele świata będą go potrzebować, sprawią, że zaistnieje i będą go posiadać – możliwe, że w ciągu następnych 10 lat. Sama nazwa Globish określa nowy punkt widzenia – mianowicie taki, że globalny obywatel nie potrzebuje poprzedniego angielskiego. Taki obywatel potrzebuje jedynie niezawodnego, nadającego się do użytku języka przyszłości.

Niektórzy wyobrażają sobie biednych, wyczerpanych Anglików, którzy stworzyli Magna Carta (Wielka Karta Swobód) w 1215, choć może to

166

Carta in 1215. They were ruled by the foreign Normans, and the Normans wrote all the English laws in French, which the poor people in England could not understand. Along with others, these common people stood up before their Kings, at great risk to their families and themselves. And they said: "Enough!" They were frightened but still brave. Carrying only knives and clubs, they demanded that the laws by which they lived be more fair, and be given out in their own language – English.

Globish could be the interesting next step for the world...when people use English to be freed from the English. Globish will arrive when these common people from every country in the world, stand up and say "Enough." And Globish, as you see it here, will be there to give them...enough. When Globish arrives, you will talk to someone who

nie być precyzyjne pod względem historyczym. Rządzili nimi Normanowie, którzy wszystkie prawa zapisali po francusku, tym samym utrudniając biednym ludziom ich zrozumienie. Wraz z innymi, ci zwykli ludzie wystąpili przed Królów, ryzykując życie swoje i swoich rodzin. Powiedzieli: „Wystarczy!" Byli przerażeni, ale odważni. Uzbrojeni jedynie w noże i pałki, żądali praw dzięki którym żyłoby im się sprawiedliwiej i byłyby one zapisane w ich własnym języku – angielskim.

Globish może być kolejnym interesującym krokiem dla świata... kiedy to ludzie używający angielskiego się od niego uwolnią. Globish zaistnieje wśród tych zwykłych ludzi z każdego kraju świata, którzy wystąpią i powiedzą „Wystarczy". A Globish, jak widać, zaoferuje im... wystarczającą ilość. Kiedy Globish się pojawi, będziesz mógł

just a few years ago could not understand you ...and turned away. And you will write in Globish to someone who understands and answers – perhaps even with a job or a good school possibility...Then you will look at these few words of Globish and say...

"How rich I am.... Look at all of these words I have...So many words for so many opportunities and so many new friends...Look at all that I can do with them.... What valuable words they are...And I know them all!"

porozmawiać z kimś, kto jeszcze jakiś czas temu cię nie rozumiał... i odprawił cię z kwitkiem. Będziesz też mógł pisać dzięki Globish, być zrozumiany i dostać odpowiedź – być może z perspektywami dobrej pracy lub szkoły... I wtedy spojrzysz na te kilka słów w Globish i powiesz...

„Ale jestem bogaty... Popatrz na te wszystkie słowa, które znam... Tyle słów dla tylu sposobności i tylu nowych przyjaciół... Spójrz co mogę dzięki nim zdziałać... Jak wartościowe są te słowa... I ja znam je wszystkie!"

globish

Appendix

Dodatek

Synopsis

Streszczenie

It would make very little sense to describe the details of Globish *either* to the person who has studied English -- or to the person who has not.

For that reason, we are giving only a synopsis of these chapters (Chapter 17-22) from the original book. The students who are studying English may, as their use of English -- or Globish -- improves, wish to try to read the original book. Their linguistic skills may then be ready for them to process that more specific information.

(In addition, this translated version will -- for obvious reasons -- leave out the adaptation from English to Globish of President Barack Obama's Inaguration Address of January 20, 2009.)

Opisywanie szczegółów Globish czy to osobie, która uczyła się angielskiego czy też nie, mogłoby nie mieć większego sensu.

Z tego względu streścimy jedynie rozdziały 17-22 z oryginalnej książki. Osoby uczące się angielskiego mogą chcieć, w miarę jak ich znajomość angielskiego – lub Globish – wzrasta, przeczytać oryginalną książkę. Ich kompetencje lingwistyczne mogą być gotowe, by przetworzyć więcej szczegółowych informacji.

(W dodatku, ta przetłumaczona wersja – z oczywistych powodów – pomija wersję Globish z Przemówienia Inauguracyjnego Prezydenta Baracka Obamy z 20 stycznia 2009 roku).

Chapter 17 (in the original book) - 1500 Basic Globish Words Father 5000

This chapter deals with how Globish -- and English -- is capable of making new words from basic words. There are basically 4 methods of making words from the basic 1500 words:

1. Putting two words together, as in: **class + room = classroom**

2. Adding letters to the front or the back of a word as in: **im + possible = impossible** (not possible) or **care + less = careless.** Many times it changes the part of speech, as when **care+less (careless)** becomes an adjective.

3. **Many** times the **same word** is used as a **noun**, a **verb**, and an **adjective. We drive a** *truck.* **With** it, **we** *truck* **vegetables to market. We may stop for lunch at a** *truck*

Rozdział 17 – 1500 Podstawowych Słów Globish dajc początck nowym 5000

Ten rozdział wyjaśnia w jaki sposób Globish – oraz język angielski – jest w stanie utworzyć nowe słowa z tych podstawowych. Istnieją 4 zasadnicze sposoby tworzenia słów z tych 1500:

1. Łączenie dwóch słów, np.: **class + room = classroom**

2. Dodawanie przedrostków i przyrostków, np: **im + possible = impossible**, or **care + less = careless.** Nierzadko taki zabieg zmienia część mowy, jak w przypadku wyrazu **care+less,** który z czasownika (**care**) staje się przymiotnikiem.

3. **Wielokrotnie ten sam wyraz** użyty jest jako **rzeczownik, czasownik i przymiotnik,** np. **truck** w poniższych zdaniach:

We drive a *truck.* **With it, we**

172

stop.

4. Phrasal Verbs combine with prepositions to make different verbs, like: get up (in the morning), take off (from the airport runway), or put up (weekend visitors in your extra room).

truck **vegetables to market. We may stop for lunch at a** *truck* **stop.**

4. Czasowniki w połączeniu z przyimkami tworzą tzw. Phrasal Verbs, np: get up (wstawać), take off (startować), put up (przenocować kogoś).

Chapter 18 (in the original book) - Cooking With Words

In addition to giving you enough words and ways to make more words easily, Globish uses **simple English grammar**, and avoids long and difficult sentences.

It stresses **Active Voice** sentences, but allows occasional **Passive Voice**. It uses the **Imperative** and the **Conditional** when necessary.

Globish uses **6 basic verb tenses** all the time -- the **Simple** and the **Continuous** for the **Present, Past,** and

Rozdział 18 – „Gotuj ze słowami"

Oprócz przedstawienia wystarczających słów i sposobów tworzenia nowych, Globish używa **prostej gramatyki języka angielskiego** oraz unika długich i trudnych zdań.

Kładzie nacisk na zdania w **stronie czynnej**, ale pozwala na okazjonalne użycie **strony biernej**. Używa **trybu rozkazującego** i **trybów warunkowych** gdzie jest to konieczne.

Globish używa **6 podstawowych czasów gramatycznych** – czasów **prostych** i **ciągłych** dla

Future and four other verb tenses occasionally. **Different sentence forms** are used for **negatives**, and for various kinds of **questions**.

LEARNING TOOLS - *Globish IN Globish* is an interactive set of Lessons in Globish at www.globish.com and many others will follow there.

Chapter 19 (in the original book) - Say "No" To Most Figurative Language

Idioms and Humor are the most difficult parts of a new language. Globish solves that problem by asking people to use very little of either. Idioms take hours -- sometimes -- to explain. Humor has not only language differences, but differences in culture and -- within culture -- ages and other backgrounds.

teraźniejszości, **przeszłości** i **przyszłości** oraz okazjonalnie 4 innych czasów. **Różne formy** używane są w **przeczeniach** i różnorodnych rodzajach **pytań**.

NARZĘDZIA DO NAUKI – *Globish IN Globish* jest interaktywnym zestawem lekcji w Globish dostępnym na www.globish.com, a pojawią się też inne.

Rozdział 19 - Powiedz "nie" obrazowemu językowi

Idiomy i humor ' są najtrudniejszą częścią nowego języka. Globish rozwiązuje ten problem prosząc o to, by zbyt często ich nie używać. Wyjaśnienie znaczenia idiomów zajmuje często sporo czasu. Humor wiąże się nie tylko z różnicami językowymi, ale też kulturowymi oraz – w zakresie kultury – z epoką i pochodzeniem.

174

Chapter 20 (in the original book) - Globish "Best Practices"

Most of these are about people who know too much English for the needs and abilities of the largest group of people...those speaking Globish. So this chapter is about how a speaker must **take responsibility for the communication,** and **do whatever is necessary** to communicate the message. This may mean: speaking or writing **in short sentences, listening for feedback** to make sure of understanding, and **using pictures or physical motions** to help the users understanding of words.

Rozdział 20 – „Najlepsze zwyczaje" w Globish

Większość z nich odnosi się do ludzi, którzy mają zbyt dużą znajomość języka angielskiego w stosunku do potrzeb i możliwości największej grupy ludzi... posługującej się Globish. A zatem ten rozdział mówi o tym, w jaki sposób mówca musi **wziąć odpowiedzialność za komunikację** i **zrobić wszystko, co niezbędne,** aby przekazać wiadomość. Może to oznaczać: mówienie lub pisanie **krótkimi zdaniami, słuchanie w celu uzyskania reakcji,** by mieć pewność, że zostało się zrozumianym, **posługiwanie się zdjęciami lub gestami,** by pomóc w zrozumieniu sensu słów.

Chapter 21 (in the original book) - Critical Sounds for Global Understanding

Rozdział 21– Krytyczne Głosy w sprawie Globalnego Zrozumienia

175

This chapter is about pronunciation and the sounds various learners have trouble with. The aim is not to please the English speaker, but to make sounds that everyone can understand. This means concentrating on the most difficult ones, and making them acceptable. There are several other findings in this study, one being that learners do not have to have perfect sounds to be understood in Globish, but they do have to have the right stresses on parts of words, and they do need to know when to substitute with the "schwa" sound.

Ten rozdział dotyczy wymowy oraz kłopotliwych dźwięków. Celem nie jest zadowolenie Anglików, ale wypowiadanie się w sposób zrozumiały dla każdego. Oznacza to koncentrowanie się na tych najtrudniejszych dźwiękach i wymawianie ich w sposób akceptowany. Istnieje kilka innych wniosków, między innymi taki, że uczący się nie muszą mieć idealnej wymowy, by być rozumiani w Globish, ale muszą zawsze we właściwy sposób akcentować częsci wyrazów i muszą wiedzieć, kiedy zastąpić je dźwiękiem „schwa".

Chapter 22 (in the original book) - Globish in Texting

Rozdział 22 – Globish w krótkich wiadomościach tekstowych

The Internet provides an environment that is excellent for Globish. Its messages are cut down to basics of English words because the messages are often charged by each little character over 160. So if

Internet jest idealnym środowiskiem dla Globish. Wiadomości są skrócone do podstawowych wyrazów angielskich, ze względu na to, że ilość znaków powyżej 160 często jest obciążona

love can become luv, u might save enough of ur money to visit the one u luv, just by shortening most words.

Texting is used in e-mails, chat sessions, instant messaging, and of course on mobile phones. Globish seems to have the perfect structures and numbers of words to be the text basis for people using the Internet.

opłatą. A zatem jeśli możesz zapisać love jako luv, możesz też zaoszczędzić pieniądze skracając większość innych słów (np. **love-luv, you-u, our-ur** itp.).

Krótkie wiadomości tekstowe są używane w e-mailach, na chatach, w komunikatorach internetowych i oczywiście w telefonach komórkowych. Wydaje się, że Globish posiada idealne struktury i liczbę słów, które mogą być podstawą dla ludzi posługujących się internetem.

Partial Resources

Council of Europe (2008). *Common European Framework of Reference for Languages: Learning, teaching, assessment.* Retrieved http://www.coe.int/T/DG4/Portfolio/?L=E&M=/main_pages/levels.html , March, 17, 2009

Dlugosz, K. (2009) *English Sounds Critical to Global Understanding.* Pécs (Hungary): University of Pécs.

Graddol, D. (2006). *English Next.* London: British Council.

Nerrière, J. P. (2004). *Don't speak English. Parlez globish!* Paris: Eyrolles.

Nerrière, J. P., Bourgon, J., Dufresne, Ph. (2005) *Découvrez le Globish.* Paris: Eyrolles.

Other Sources

Jack Chambers, Toronto University linguist, as quoted

Bibliografia

Council of Europe (2008). *Common European Framework of Reference for Languages: Learning, teaching, assessment.* http://www.coe.int/T/DG4/Portfolio/?L=E&M=/main_pages/levels.html , 17.03.2009.

Dlugosz, K. (2009) *English Sounds Critical to Global Understanding.* Pécs (Hungary): University of Pécs.

Graddol, D. (2006). *English Next.* London: British Council.

Nerrière, J. P. (2004). *Don't speak English. Parlez globish!* Paris: Eyrolles.

Nerrière, J. P., Bourgon, J., Dufresne, Ph. (2005) *Découvrez le Globish.* Paris: Eyrolles.

Inne źródła

Jack Chambers, Toronto University linguist, idézve

in "Parlez vous Globish? Probably, even if you don't know it," Lynda Hurst, Toronto Star, March 7, 2009

Notes of appreciation:

Dr. Liddy Nevile, of La Trobe University in Melbourne, and our friend in One Laptop Per Child, contributed moral support -- plus extensive editing which made this book a lot better.

Web Sites with Globish Information

www.jpn-globish.com - Original Globish site (much of it in French)

www.globish.com - New Globish portal site

www.bizeng.mobi (2008 series of business articles written in Globish by David Hon.)

"Parlez vous Globish? Probably, even if you don't know it," Lynda Hurst, Toronto Star, 07.03.2009

Specjalne Podziękowania dla:

Dr Liddy Nevile, z La Trobe University Melbourne, oraz naszego przyjaciela z organizacji "Laptop dla każdego dziecka", który zapewnił wsparcie moralne – oraz edycję, dzięki której ta książka wygląda dużo lepiej.

Strony internetowe dotyczące Globish

www.jpn-globish.com – oryginalna strona Globish (większa jej część jest w języku francuskim)

www.globish.com – portal dotyczący Globish

www.bizeng.mobi (artykły biznesowe napisane przez Davida Hona w Globish, 2008)

Meet the Writers and the Translator

Jean-Paul Nerrière

As a vice-president of IBM Europe Middle East & Africa, Jean-Paul Nerrière was noted worldwide for his foresight in urging IBM to sell services instead of "selling iron". With IBM USA as a Vice President in charge of International Marketing, he was also using and observing English – daily – in its many variations. Nerrière's personal experience the world over enlightened him to a not-so-obvious solution to the global communication problem – *Globish*. Recently this has resulted in his best-selling books on *Globish* in French, Korean, Spanish and Italian, and the word Globish being known everywhere.

Nerrière has also been knighted with the *Légion d'honneur*, the highest award France can give.

Poznaj Autorów i Tłumacza

Jean-Paul Nerrière

Jako wiceprezes firmy IBM EMEA (obszar Europy, Bliskiego Wschodu i Afryki), Jean-Paul Nerrière został zauważony za dalekowzroczność w zachęcaniu firmy IBM do sprzedaży usług zamiast „sprzedawania żelaza". Wraz z firmą IMB USA jako wiceprezes odpowiedzialny za międzynarodowy marketing posługiwał się językiem angielskim i codziennie obserwował go pod różnymi postaciami. Osobiste, międzynarodowe doświadczenie Nerrière zwróciło jego uwagę na nie tak do końca oczywiste rozwiązanie problemu globalnej komunikacji – *Globish*.
W rezultacie w ostatnim czasie wydano książki dotyczące *Globish* w języku francuskim, koreańskim, hiszpańskim i włoskim, dzięki którym Globish stał się znany.

Nerrière został również odznaczony Orderem Legii Honorowej, najwyższym odznaczeniem nadawanym przez rząd francuski.

David Hon

As a young man, David Hon jumped off helicopters in Vietnam and taught English in South America. He had an MA in English and thought that someday he would write about English as an international communication tool. However, a different direction, into the computer age, led Hon to develop the world's first realistic medical simulators. He won international awards and created a successful company, Ixion, to produce those computerized simulators.

A short time back, he came upon Nerrière's Globish ideas, and Hon knew that this book *in Globish* was the one he had intended to write long ago. Voilà...

David Hon

Jako chłopak David Hon skakał z helikopterów w Wietnamie i uczył języka angielskiego w Ameryce Południowej. Posiada tytuł magistra w zakresie języka angielskiego i rozważał w przyszłości napisanie książki o angielskim jako narzędziu do międzynarodowej komunikacji. Jednak w erze komputerów, inny kierunek doprowadził go do opracowania pierwszego na świecie realistycznego symulatora medycznego. Zdobył również międzynarodowe nagrody oraz założył firmę Ixion, by produkować te skomputeryzowane symulatory.

Niedawno natknął się na pomysł Nerrière dotyczący Globish i wtedy zdał sobie sprawę, że książka w Globish jest tą, którą zamierzał napisać dawno temu.

Wioleta Antecka (Polish translator)

Wioleta Antecka is an English teacher in Konin. She has a basic degree in English from the State School of Higher Professional Education in Konin, and attended the the University of Humanities and Economics in Lodz, for her Master of Arts degree. Her Master's Thesis was on *English as a Global Language*.

Antecka had an early interest in Globish when she saw that Nerrière's ideas might solve the English problem in Europe, and inquired for more information from him during her graduate studies. She feels that Globish is an "excellent solution for all those who need to use English but don't have time or money to learn all of it." It makes sense, she says because "It's easier to learn only the basics and then accept the limitations to communicate with a lot of people around the world."

Wioleta Antecka (tłumacz)

Wioleta Antecka jest nauczycielem języka angielskiego w Koninie. Posiada tytuł licencjata filologii angielskiej Państwowej Wyższej Szkoły Zawodowej w Konine, oraz tytuł magistra Akademii Humanistyczno-Ekonomicznej w Łodzi. Tytuł jej pracy magisterskiej brzmi „English as a Global Language".

Antecka zainteresowała się tematem Globish, kiedy zauważyła, że pomysł Nerrière może rozwiązać problem języka angielskiego w Europie i zwróciła się do niego z prośbą o dodatkowe informacje podczas studiów uzupełniających. Uważa, że Globish jest „świetnym rozwiązaniem dla wszystkich, którzy potrzebują języka angielskiego, ale nie mają wystarczającej ilości czasu lub pieniędzy, by nauczyć się go w całości". Według

niej jest to rozsądne z uwagi na fakt, że „łatwiej jest się nauczyć tylko podstaw i zaakceptować ograniczenia, by móc komunikować się z wieloma ludźmi na całym świecie".

globish

www.ingramcontent.com/pod-product-compliance
Lightning Source LLC
Chambersburg PA
CBHW061719020426
42331CB00006B/1004